Basics of Bookkeeping

これだけは知っておきたい
「簿記」の基本と常識

簿記に興味を持てなかった人、挫折した人でも大丈夫！

- ●基礎にポイントを当てているので初心者に最適
- ●どんな人も理解できるように簡単な例で解説
- ●簿記の流れを意識した展開
- ●簿記に必要な、電卓を速く打つための知識とコツを伝授

公認会計士
椿　勲【著】

フォレスト出版

本書の特長

・基礎にポイントを絞っているので、初心者に最適
・どんな人にも理解できるように簡単な事例で解説
・簿記の流れを意識した展開
・簿記に必要な、電卓を素早く打つための知識とコツを伝授

本書で身につくこと

・簿記の基礎がしっかりと把握できる
・簿記の実務ができるようになる
・決算書（貸借対照表と損益計算書）が読めるようになる
・電卓を素早く打つコツがわかる

はじめに

●簿記は誰でもわかるようにできている！

「簿記の勉強を始めたけど、挫折してしまった」という声をよく耳にします。

そんな人たちはみんな、「簿記はむずかしい」と言いますが、何をするにしても新しく始めたばかりのころはむずかしく感じてしまうものです。

ですが、不思議なことに、少し勉強を進めると、「やっぱりむずかしい」とあきらめる人と「簿記ってわかりやすくて合理的なものだな」とスイスイと頭に入る人に分かれます。

みなさんのなかには、以前にも簿記の入門書を買った方がいらっしゃるでしょう。それでもまた、本書を手にとってくださったということは、その本では簿記の基本をマスターできなかったからでしょう。

残念ながら、世の中に出回っている簿記の入門書には、読者を拒絶するかのように、初めから複雑な仕組みを解説しているものがたくさんあります。

単純な仕組みを理解する前に、複雑なやりとりを教えようとするのは、九九ができないのに分数の掛け算をするようなものです。そんなやり方で簿記を勉強したら、挫折してしまうのも無理はありません。

そこで本書では、まず基本の仕組みをじっくり学んでから、その後に優しい解説と練習で理解を深めてもらいます。

●簿記のルールは単純明快！

はじめに言ってしまいますが、簿記の基本ルールは、

100円のパンを買ったら、ノートの左側に「パン100円」と書いて、右側に「現金100円」と書く。

ただこれだけです。

もし、みんなが好き勝手に右側に「パン」と書いたり、左側に「パン」と書いたりしたら、わかりにくいでしょう。だから、「パンと書くときは、みんな同じように左側に書きましょう」と決めたのが簿記なのです。

手に入ったものは「左」、出て行ったものは「右」と単純に覚えておきましょう。

そもそも「簿記」とは「帳簿の記録」のことです。ルールに従って帳簿を記録することを「簿記」と呼ぶのです。

簿記の目的は、「お金やモノのやりとりを誰もがわかるようにする」ことです。

本書では、単純なケースで簿記の全体像をつかんでから、やや複雑なやりとりについては、少しずつトライしていきます。

●本書で決算書の読み方・つくり方までわかる！

簿記をまったく勉強したことがないのに、「簿記はむずかしい」などと言う人がいます。そして、そんな人たちは「簿記は経理の人が知っていればいいことだ」と言います。

しかし、すべての仕事はお金やモノのやりとりとかかわっています。そのやりとりの内容を知ることは、すべてのビジネスパーソンにとっても必要なことではないでしょうか。

じつは、簿記の基本知識があれば、会社の決算書が読めるよ

うになります。「決算書なんか、とても無理！」と言う人がいるかもしれませんが、本当のことです。

ビジネスパーソンは「自分の会社の経営状態はどうだろうか？」と思ったり、就職や転職を考えている人なら、「その会社の経営状態は大丈夫だろうか？」などと考えたりしますよね。営業をしている人なら、できるだけ経営状態のいい会社を訪問したほうがいいに決まっています。簿記の基本知識があれば、それがわかるのです。

経理部に配属になった人は、きちんと簿記を学ぶ必要があります。もちろん、税理士や公認会計士のような高度な知識は必要ありません。簿記のルールを理解して、決算書のつくり方を学べば、それだけで戦力になります。

●猫山さんに学びながら簿記を身につけよう！

本書では、簿記の仕組みを非常にシンプルなケースを例にとって解説していきます。

簿記の用語もわかりやすい言葉に置き換えながら、誰でも理解できるように話を進めます。さらにストーリー性を取り入れながら解説していきます。

主役は、初めて簿記を学ぶ「犬田くん」。その犬田くんを経理課長の「猫山さん」が指導します。犬田くんと猫山さんが勤務しているのは株式会社わんにゃんフードというペットフードの販売会社です。2人は生き物をこよなく愛す同社の企業理念に惹かれて入社。犬田くんは大の犬好きで、猫山さんは大の猫好き、それが高じて顔まで似てきました。

犬田くんはこれまで営業部で、経理とはまったく関係のない

仕事をしていた簿記の素人。読者のみなさんは、彼と自分と重ねながら、まず簿記の基本を習得していってください。

　猫山さんは10年以上経理の世界で仕事をしてきたベテランの経理課長。彼女の厳しくも優しい指導で、犬田くんはどう変わっていくのでしょうか。

　これまで簿記の世界にまったく興味をもてなかった人も、簿記の勉強を途中で挫折してしまった人も、この本ならすんなりと簿記の全体像をつかんでもらえるはずです。
　本書をきっかけに、「簿記がわかった！」「使えるようになった！」という人が1人でも増えることを心から願っています。

　　　　　　　　　　　　　　　　　公認会計士　椿　勲

※「資本の部」から「純資産の部」への名称変更について
　本書では、「資産」にも「負債」にも該当しない性格のものを「純資産」として表記しています。従来、貸借対照表は、「資産の部」「負債の部」および「資本の部」に区分され、必ずしも株主資本との帰属関係が明確でない有価証券評価差額金等も「資本の部」に表示されていました。しかし、新会社法では、「資産」にも「負債」にも該当しない性格のものを株主資本も含めて「純資産の部」として区分することになりました。

もくじ

はじめに………4

第1章

簿記の基本をつかむ

「簿記」がわかることのメリットは？………16

1 「簿記」とは何か………18
お金の出入りを記録する方法

2 こづかい帳や家計簿をつけるのも簿記………20
単式簿記と複式簿記の違い

3 1つのやりとりを二面的に考える………22
500円の弁当を買うと、500円の現金が減る

4 簿記を学ぶメリットは何？………24
会社の「経営状態」と「儲け」がわかる

5 簿記の最終目的は「決算書」をつくること………26
会社の数字が読める人＝簿記ができる人

6 決算書とは「貸借対照表」と「損益計算書」………28
「財産」と「儲け」を明らかにする書類

第2章

簿記の流れと仕組みを知る

経理って毎日どんな仕事をしているの？ ……… 32

1 **簿記の流れを理解しよう** ……… 34
　仕訳から決算まで

2 **5つのグループを覚えよう** ……… 36
　資産・負債・純資産と収益・費用

3 **貸借対照表の構成を知っておこう** ……… 38
　「資産＝負債＋純資産」の関係
　　・資産のグループ ……… 40
　　・負債のグループ ……… 41
　　・純資産のグループ ……… 42

4 **損益計算書の構成を知っておこう** ……… 44
　収益と費用の関係で儲けがつかめる
　　・収益のグループ ……… 45
　　・費用のグループ ……… 46

5 **収益・費用・利益の三角関係** ……… 48
　収益と費用の関係で「利益」が生まれる

6 **新会社法で簿記はどう変わったか** ……… 50
　簿記・経理にも影響があります

第3章

仕訳の技術を身につけよう

実例を通して学ぼう……54

仕訳の基本ルール……56
取引を左と右に分けるだけ！

資産グループ

「現金」を仕訳しよう……58
「預金」を仕訳しよう……60
「売掛金」を仕訳しよう……62
「受取手形」を仕訳しよう……64
「有価証券」を仕訳しよう……66
「繰越商品」を仕訳しよう……68
「未収金」を仕訳しよう……70

負債グループ

「買掛金」を仕訳しよう……72
「未払金」を仕訳しよう……74
「借入金」を仕訳しよう……76
「仮受金」を仕訳しよう……78
「商品券」を仕訳しよう……80

純資産グループ

「資本金」を仕訳しよう……….84
「元入金」を仕訳しよう……….86

収益グループ

「売上」を仕訳しよう……….88
「受取利息」を仕訳しよう……….90
「有価証券売却益」を仕訳しよう……….92
「固定資産売却益」を仕訳しよう……….94
「為替差益」を仕訳しよう……….96
「雑収入」を仕訳しよう……….98

費用グループ

「仕入」を仕訳しよう……….100
「給料」を仕訳しよう……….102
「旅費交通費」を仕訳しよう……….104
「役員報酬」を仕訳しよう……….106
「通信費」を仕訳しよう……….108
「減価償却費」を仕訳しよう……….112

第**4**章

仕訳したものを帳簿に転記する

次はいよいよ帳簿に記帳していきます……118

1 **仕訳したものを主要簿・補助簿に転記する**……120
   転記し書きとめて日々の取引を確定する

2 **「仕訳帳」のつくり方**……124
   日付ごとに取引を記録する

3 **「総勘定元帳」のつくり方**……126
   勘定科目ごとに転記していく

4 **「現金出納帳」のつくり方**……128
   お金の出入りや残高などを把握する

5 **「売上帳」のつくり方**……130
   営業活動そのものの記録

第5章

決算が近づいたときの作業

🐻 決算シーズンに行う経理の仕事は？……134

1 決算シーズンに行う作業……136
「試算表」をつくって「決算整理」を行う

2 「試算表」をつくる……140
これまでの記録から決算書をつくるための下準備

3 「決算整理」で修正作業を行う……142
1年に一度は見直しておいたほうがいいもの
- 「商品勘定」を整理する……144
- 「収益」と「費用」を整理する……146
- 「貸倒引当金」を設定する……148
- 「有価証券評価益（損）」を再評価する……149

4 「決算整理一覧表（棚卸表）」のつくり方……150
決算整理で扱った項目を表にまとめる

5 「精算表」のつくり方……152
決算書づくりの最終準備
① 残高試算表欄に記入する……154
② 整理記入欄に記入する……156
③ 損益計算書欄に記入する……158
④ 貸借対照表欄に記入する……160

第6章

簿記のゴール！ 決算書をつくる

ここまでくれば決算書の作成は簡単……164

1 **貸借対照表をつくる①**……166
　資産・負債・純資産をまとめるだけ！
2 **貸借対照表をつくる②**……168
　精算表を見ながら記入しよう
3 **損益計算書をつくる**……170
　費用と収益をまとめるだけ

ついに決算書が完成しました！……172

付録
簿記の基礎用語……176
勘定科目一覧……177
簿記に役立つ「電卓術」……180

索引……187

- 装丁　河村 誠
- 編集協力　ことぶき社
- 本文デザイン・DTP・イラスト　富永三紗子

第 1 章

簿記の基本をつかむ

「簿記」がわかることの
メリットは？

🐶 このたび、営業一課から経理課に配属になった犬田サトシです。気合いでなんでもこなしますので、よろしくお願いします！

🐱 犬田くん、よろしく。猫山です。経理課は決算期はとくに忙しいわよ。決算書づくりでは期待しているからね、がんばってね。

🐶 はい！　うーんっと……、決算書って何ですか……？

🐱 えっ？　決算書も知らないの？

🐶 営業だったので……。

🐱 営業だって取引先の決算書くらい見ておかなきゃ経営状態がわからないでしょ。これまで、何を基準に営業先を決めていたの？

🐶 有名かどうかとか、ビルがでかいかどうかとか。

🐱 それだけ？

🐶 あっ、そうだ。年商300億円とか、そういう数字もちゃんと気にしてました。年商のでかい会社のほうが、ビジネスチャンスも大きいですからね！

🐱 ふーん。

僕だっていっぱしの社会人ですから！

 その年商300億円の会社って、純利益はどれくらいだったの？

 純利益？　年商が大きければ、利益も大きいはずですよね？

 年商が大きくても赤字の会社、いくらでもあるでしょ？ あなた、赤字会社にも一生懸命、営業をかけてたの？　赤字か黒字かなんて、そんなこと決算書を見れば、すぐにわかるじゃない。

 それが、そのー、僕は決算書ってやつとは、イマイチ相性が悪くてですね……。

 相性の問題じゃないでしょ。うーん、わかったわ。それじゃあ、簿記のボの字から、決算書の見方がわかるようになるまで、私がばっちり鍛えてあげる！

 （うー、おっかねえ！）

 最初に言っておきますけど、簿記は気合いでできるものじゃないからね。まずは、私の言うことを聞くだけでいいわ。わかった!?

 はい、わかりました！

 じゃあ、さっそく始めましょう。そもそも簿記って何？

 うーん……。

第1章　簿記の基本をつかむ ｜ 17

「簿記」とは何か

お金の出入りを記録する方法

●誰がいつ見てもわかるように記録する

「そもそも、簿記って何ですか？」と質問されたら、あなたならどう答えますか？

「経理の人がやっている仕事のことでしょ」と言った人が以前いましたが、それでは答えになっていません。

ひと言で言えば、簿記は**「お金やモノの出入りを記録する方法」**のことです。

たとえば、今日飲み会があるのに、財布の中身を確かめると2000円しか入っていませんでした。そこで、友だちから1万円借りたとします。

この友だちはけっこうお金にうるさいので、返すのを忘れないように、あなたは手帳に「1万円借りた」と書いておきます。

これも簿記の一種です。

誰が誰にいくら借りて、何をいつ買ったかなどを記録する行為が簿記なのです。

ただし、みんなが好き勝手な書き方で書いてしまっては、他人が見たときに「？」となってしまいます。

そこで、記録の仕方にルールをつくり、誰が見ても、お金が「いつ」「何が」「いくら」「どのように」出たり入ったりしたかがわかるように記録しました。

これが簿記の始まりです。

そもそも、簿記って何？

今日は飲み会だけど、財布に 2000 円しか入っていない
友だちに 1 万円借りよう

返すのを忘れないように手帳に
「1 万円借りた」と書いておく

これも簿記

個人的にはこれでいいけど、会社の取引では、
誰が見てもわかるようにしなくてはならない

そこで、記録の仕方の統一ルールを決める！

これが「簿記」！

簿記のルールに従って記録しておけば、誰が見ても、
いつ・どのようなお金やモノの出入りがあったかがわかる！

簿記とは「お金やモノの出入りを
記録する方法」のこと！

第 1 章 簿記の基本をつかむ

こづかい帳や家計簿をつけるのも簿記

単式簿記と複式簿記の違い

●家計簿は単式簿記、会社では複式簿記を使う

　お金やモノの出入りを記録するといえば、身近なところでは、こづかい帳や家計簿があります。じつは、こづかい帳や家計簿も、簿記のルールでお金の出入りを記録しているのです。

　このルールは**単式簿記**といいます。

　単式とは、1万円借りたら「現金が1万円増えた」という部分だけを記録する方法です。個人でお金を管理する場合は、給料が入ってきて、そのお金で必要なモノを買ったり、貯金をしたりと単純なので、単式簿記でも十分です。

　しかし会社では、商品を渡したけれど、お金はあとで払ってもらうという場合があります。また、取引先に小切手を渡すなど、複雑なやりとりも多くあります。これらの記録は、単式簿記では間に合いません。

　そこで**複式簿記**が必要になるのです。

　複式簿記では、1万円を借りた場合、「現金が1万円増えた」という面と、「借金が1万円増えた」という両方の面を記録します。それによって、お金の出入りをはっきりさせます。複式簿記は、お金の出入りを二面的に考えるのです。

　一般に簿記というと、この複式簿記を指し、企業などで使われているのはすべて複式簿記の方法です。

複式の簿記って何ですか?

単式簿記(こづかい帳や家計簿)

1万円借りたら
「現金が1万円増えた」
と記録する

> 現金が1万円増えた

お金の出入りが単純なので、これで十分

複式簿記(会社の経理)

1万円借りたら
「現金が1万円増えた」
「借金が1万円増えた」
と記録する

> 現金が　　　借金が
> 1万円増えた　1万円増えた

お金の出入りを二面的に考える

会社の取引はやや複雑なので、単式簿記ではムリ

お金やモノのやりとりを
二面でとらえるのが複式簿記!

1つのやりとりを二面的に考える

500円の弁当を買うと、500円の現金が減る

●右と左に分けて記載する

ここでは、1つのやりとりを二面的に考えるパターンに慣れていきましょう。

では、例題です。

あなたは昼食に500円の弁当を買いました。これを二面的に考えると、どうなるでしょうか?

答えは、「500円の弁当を手に入れた」という面と「現金が500円減った」という面の2つ。

これをノートに書くときは、ページの左側に「500円の弁当を手に入れた」、右側に「現金が500円減った」と記入します。このように左と右に分けて記載するのが、簿記の基本です。

では、もう一例。

いらなくなったゲームソフトを友だちに5000円で売った場合はどうでしょう? 「現金が5000円増えた」という面と、「ゲームソフトがなくなった」という面がありますね。

このときには、ノートの左側に「現金が5000円増えた」と書いて、右側に「5000円のゲームソフトがなくなった」と記入します。

これが簿記の方法です。簡単ですね。しかし、「どうやって右と左を使い分けるの?」という疑問が浮かんできます。

じつは、そこが簿記の本質といえる部分なのです。のちほどじっくり学んでいきましょう。

どうやって右と左に分けて書くの？

例1 昼食に500円の弁当を買った

> 500円の弁当を手に入れた　　現金が500円減った

例2 ゲームソフトを5000円で友だちに売った

> 現金が5000円増えた　　5000円のゲームソフトがなくなった

二面的に書くパターンに慣れよう！

簿記を学ぶメリットは何？

会社の「経営状態」と「儲け」がわかる

● A社とB社はどちらがいい会社か

　簿記のルールで記録されていれば、誰が見ても、いつ、どのように、お金やモノの出入りが行われたかがわかる、とすでに述べました。

　では、実際に簿記を身につけたときに、具体的に何ができるようになるのか。ビジネスパーソンとしての最大のポイントは、**会社の「経営状況」と「儲け」を知ることができるようになる**ことです。

　たとえば、A社の金庫には現金500万円が入っていて、B社の金庫には1000万円が入っている場合、経営状態がいいのはどちらの会社だと思いますか？

　単純に考えれば、B社です。

　しかし、もしB社には借金が800万円あって、A社は借金がゼロだったとしたら？

　これは金庫を見てもわかりませんが、帳簿を見ればわかります。B社の帳簿には「借金（負債）800万円」ときちんと書いてあるのです。

　もちろんA社のほうが経営状態がいいということです。

　簿記をまったく知らない人はB社のほうが儲かっていると考えますが、簿記を理解している人はA社のほうが経営状態がよいことにすぐに気づくのです。

どっちの会社が儲かってる？

簿記ができない人

A社

金庫に500万円 ✕

B社

金庫に1000万円
経営状態がよい ○

簿記ができる人

A社

| 資産
500万円 | 負債0 |
| | 純資産
500万円 |

経営状態がよい ○

B社

| 資産
1000万円 | 負債
800万円 |
| | 純資産
200万円 |

✕

簿記ができる人は
正しく経営状態を把握できる！

簿記の最終目的は「決算書」をつくること

会社の数字が読める人＝簿記ができる人

●経営状態は決算書に書かれている

「簿記を知っていれば、会社の経営状態と儲けがわかる」と書きましたが、では、簿記ができる人は何を見て経営状態を判断するかといえば、それは「決算書」です。

決算書は「財務諸表」とも呼ばれるもので、会社の日々の経営記録を最終的にまとめて、経営状態と儲けを明らかにするための書類です。

会社には、決算書を国に提出することが義務づけられていますが、国だけでなく、会社に出資してくれた人や株主に対して、会社は現在どのような状態にあるのか、今年はどのくらい儲けたのかなどを正確に報告できるように決算書をつくる必要があります。

なぜなら、会社の経営状態や儲けがわからなければ、銀行も融資してくれず、株主たちも出資してくれないからです。お金が集まらなければ、会社は事業の運営・拡大ができません。

こうした目的をもつ**決算書をつくるために必要な技術が簿記**なのです。最終的に決算書をつくれるようになることが「簿記習得の目的」です。

「決算書は必ず国に提出しなくてはならない」という決まりや、「銀行や株主に報告しなければならない」という縛りがあるからこそ、簿記ができる人は、すべての企業から必要とされるのです。

決算書って何?

会社の日々の経営記録を最終的にまとめたもの

会社の経営状態と儲けを明らかにするための書類

会社は決算書を国に提出する義務がある

株主に対して儲けなどを報告できるようにする

銀行の融資を受けるときにも必要

簿記ができる人は
すべての企業から必要とされる!

決算書とは「貸借対照表」と「損益計算書」

「財産」と「儲け」を明らかにする書類

●会社の財産を示すのが「貸借対照表」

　決算書は会社の財産や儲けを明らかにするために作成するものですが、数種類の書類があります。「**貸借対照表**」「**損益計算書**」「**キャッシュ・フロー計算書**」「**株主資本等変動計算書**」などです。

　なかでも重要なのが「貸借対照表」と「損益計算書」です。通常、決算書といえば、この2つを指します。

　貸借対照表（B/S）とは、会社がいま資産をいくらもっていて、どれくらいの純資産、負債があるかなどをまとめたものです。つまり、貸借対照表は、会社の「財産」を示します。これまで、企業が積み重ねてきたすべての財産を示すのです。

　B/Sとはバランス・シートの略です。

●会社の儲けを示すのが「損益計算書」

　損益計算書（P/L）は、会社の「儲け」を示します。

　損益計算書は、1年間にどれくらいの売上があったのか、どれくらい費用がかかったのかなどを一覧表にしたものです。

　貸借対照表と違って、過去1年間でどれくらい儲けたのか示すことを目的につくられます。損益計算書は、一定期間の経営成績を見るためのものなのです。

　P/Lとはプロフィット（利益）とロス（損失）の略です。

貸借対照表と損益計算書の違いは？

貸借対照表 (B/S)

資産	負債
	純資産

損益計算書 (P/L)

費用	収益
利益	

資産をいくらもっているか？
どれくらいの純資産があるか？
どれくらい負債があるか？

⬇

会社の財産を示す

⬇

 会社の経営状態がわかる

1年間の売上は？
1年間に使った費用は？
1年間にどれだけ儲けたか？

⬇

経営成績を示す

⬇

 会社の儲けがわかる

 貸借対照表は財産、損益計算書は儲けを示す！

第 2 章

簿記の流れと仕組みを知る

経理って毎日どんな仕事をしているの？

ここまでで、少しは簿記のことわかったかしら？

はい、結構わかってきました。こづかい帳とか家計簿とか、自分の身近なところで簿記を使っているなんて知らなかったな。

そうね。そもそも簿記は「帳簿の記入」という意味なのよね。会社の経理は、家計簿をつけるようにはいかないけど。

家と会社では取引の量が違いますからね。

なかなかわかってきたわね。私の教え方がよかったのかな。

いやぁ、猫山先輩の教え方がよかったっていうよりも、僕、昔から飲み込みは早いって言われてたんですよ。なんだか、簿記の視界が開けてきて楽しいですね。貸借対照表は会社の儲けで、損益計算書は会社の財産ってことですよね。

逆よ！ 貸借対照表が会社の財産で、損益計算書がその年の儲け！

いや、すいません。言い間違いです。

まったく、もう！ それじゃあ、1つ質問。犬田くんが前にいた営業部の人から、お客さんを接待した領収書が経理に回ってきたら、まずどうする？

そりゃ、経費で落としてあげないといけないですね、誰でもわかるじゃないですか。

 だから、経理としてはどう処理するの?

 経理としての処理ですか……。

 そうよ。犬田くんは経理でしょ? 簿記の視界が開けたんでしょ?

 いや、開けたには開けましたが、具体的にどうするかと言われても……。

 そうね、簿記とは何かがわかっても実際に簿記は使えないわね。考えてみれば当たり前のことね。まずは、経理という仕事がどんな流れで進んで、何をしていくかをつかみましょう。

 実際の作業と日々の流れということですね。

 そう、毎日、経理課ではどんな仕事をしているか、そして、そこであなたがこれから1年間何をするかということを理解しなくちゃ。

 簿記を使った仕事の流れですね。わかりました。がんばります。

第2章 簿記の流れと仕組みを知る | 33

簿記の流れを理解しよう

仕訳から決算まで

● 「日常の仕事」と「決算期の仕事」

　決算書が簿記のゴールといいましたが、ゴールに至る過程を理解していなければ、その道のりは遠く険しいものになってしまいます。ですから、簿記全体の流れをつねに意識していなくてはなりません。その流れを説明しましょう。

　会社で取引が行われると、最初に「**仕訳**」をします。

　支払ったお金が旅費交通費なのか水道光熱費なのか、あるいは仕入費なのかなどを区別して、「**伝票**」や「**仕訳帳**」という帳簿に記入していくのです。

　そして、伝票や仕訳帳の内容を「**総勘定元帳**」という帳簿に書き写しておきます。ここまでが「日常の仕事」です。

　決算期がやってきたら、まず「**試算表**」を作成します。試算表とは、いままで決算書をつくるために記録してきたものが、間違っていないかをチェックするためのものです。

　次に、来期に向けて必要な箇所を修正する「**決算整理**」という作業を行います。

　ここまで終わったら、いよいよ決算書の作成に進みますが、スムーズに決算書をつくるために「**決算整理一覧表（棚卸表）**」と「**精算表**」をつくっておきます。そして「**決算書**」（貸借対照表や損益計算書）を作成します。これで1年が終わります。

　以上が簿記全体の流れです。すべてはお金とモノの出入りを仕訳するところから始まるのです。

経理部員の仕事の流れは？

日常の仕事

取引発生
↓
仕訳
↓
仕訳帳に記入 → 総勘定元帳に転記

決算期の仕事

試算表の作成
↓
決算整理

決算整理一覧表（棚卸表）の作成　　精算表の作成
↓
決算書の作成

貸借対照表や損益計算書などの作成

流れをざっと押さえておこう！

5つのグループを覚えよう

資産・負債・純資産と収益・費用

● 5つのグループが簿記の基本中の基本

　簿記のゴールは決算書の作成と述べましたが、ここでは、その決算書を構成する要素について説明します。日常の経理の業務でも決算書を意識して仕事をしますから、決算書の構成要素を知っておくことが必要なのです。

　言い換えれば、そこを押さえておけば簿記は簡単です。

　簿記の基本中の基本は、次の5つのグループ。まずはこの5つを覚えてください。

　資産　負債　純資産　収益　費用

　取引を仕訳するときには**勘定科目**（個々の取引の種類をあらわす名称）を数多く使いますが、すべてこれら5つのグループのどれかに含まれるのです。そして、決算書は、これらのグループで構成されます。

　貸借対照表が会社の財産を示すことはすでに述べましたが、財産をあらわすために必要なものが「資産」と「負債」と「純資産」の3つのグループです。つまり、貸借対照表は「資産」と「負債」と「純資産」の3つのグループで構成されているのです。

　もう1つの決算書、損益計算書は会社の「儲け」を示しますが、儲けをあらわすのに必要なものが「収益」と「費用」のグループです。損益計算書は**「収益」**のグループと**「費用」**のグループで構成されているのです。

決算書の構成要素って何？

簿記の基本中の基本は5つのグループ

- 資産グループ
- 負債グループ
- 純資産グループ
- 収益グループ
- 費用グループ

貸借対照表の構成

| 資産 | 負債 | 純資産 |

会社の財産を示す

損益計算書の構成

| 収益 | 費用 |

会社の儲けを示す

5つのグループを覚えよう！

第2章 簿記の流れと仕組みを知る

貸借対照表の構成を知っておこう

「資産＝負債＋純資産」の関係

●右と左の合計金額はつねに同じ

「貸借対照表」の構成について学んでおきましょう。

貸借対照表は、資産、負債、純資産の３つによって会社の財産部分をあらわします。

貸借対照表は左右に分かれていて、左側に資産を記入し、右側に負債と純資産を記入します。この３つの関係はじつに単純で、純資産と負債の合計が資産になります。

資産＝負債＋純資産

要するに、右と左の合計金額はつねに同じ。

それでは、貸借対照表を見れば企業の財産がわかるという、非常に極端な例を挙げてみましょう。

現金3,000万円、土地7,000万円、建物１億円という資産２億円のＡ社が、借入金１億5,000万円（負債）、資本金4,900万円（純資産）、当期純利益100万円（純資産）だったとします。この会社の貸借対照表は、右ページにようになります。

これを見ると、借入金１億5,000万円と純利益100万円の関係が一目瞭然です。

「借入金はいつになったら返済できるんだろう」と思いませんか？　貸借対照表とはこのように見るものなのです。

以下に、資産、負債、純資産のグループについて説明します。簿記に必要な勘定科目については、第３章で詳しく説明しますので、ここではおおまかにつかんでおいてください。

3つのグループの関係は？

	負債
資産	純資産

A社の例をあてはめると──

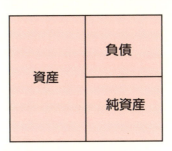

← 合計は必ず一致する →

借入金はいつになったら返済できるんだろう

資産、負債、純資産の3グループで
貸借対照表はできている！

資産のグループ
会社がもっている財産

●資産の勘定科目の代表は「現金」

貸借対照表の左側は「資産」で構成されます。

会社がもっている資産に関する勘定科目は「資産グループ」に入ります。

資産の勘定科目の代表はなんといっても「現金」です。現金が増えれば資産は増加し、現金が減れば資産は減少します。

現金以外では、資産には「普通預金」「当座預金」「売掛金」「貸付金」「受取手形」「未収金」「備品」「車両」「建物」「土地」などの勘定科目が含まれます。

よく「優秀な人材は会社の大切な資産だ」などと言われますが、簿記の世界では人材は資産には含まれません。さすがに帳簿上で「熊川主任、1,000万円の価値」と書くわけにはいきません。

簿記では、1つのやりとりを二面的に考えると述べました。せっかく勘定科目を学んでいくのですから、二面的に考えながら覚える癖を身につけてしまいましょう。

普段から二面的に物事を見ることは、必ず役に立ちます。

たとえば、200万円の商用車を現金で買った場合には、現金が200万円減って、200万円の車両が増えたことになりますね。

現金も車両も資産ですから、「資産200万円の減少」と「資産200万円の増加」が起こっているととらえます。

負債のグループ

会社がこれから支払うお金

●負債と資産の勘定科目はセットが多い

　貸借対照表の右側は「負債」と「純資産」で構成されます。まず、負債グループを見てみましょう。
「負債」とは、支払いをしなければならない義務のことです。よって、**負債グループ」には将来的に支払わなければならないものがすべて含まれます。**

　代表的な勘定科目としては、「支払手形」「借入金」「買掛金」「未払金」「預り金」「社債」などが該当します。

　ここで注目したいのは、負債の勘定科目は、資産の勘定科目とセットになっているものが多いということ。
「売掛金と買掛金」「貸付金と借入金」「受取手形と支払手形」「未収金と未払金」などがそうです。

　また、「預り金」には、従業員の「所得税」や「社会保険料」などが該当します。それらのお金は給料から差し引いたうえで、後日税務署などに納めなければならないものですから、会社としては一時的に預かっているお金です。

　負債というと、取引先への支払代金や銀行などからの借金を考えがちですが、預り金なども、将来的に支払わなければならないお金ですから負債の一部なのです。

　銀行から200万円借りた場合、仕訳は「借入金（負債）200万円が増えた」「現金（資産）200万円が増えた」というふうに二面的に考えます。

純資産のグループ
会社の事業のためのお金と利益の蓄積

● 「資本金」や「未処理利益」など

　資産や負債に比べて、「純資産」はわかりにくいとよく聞きます。しかし、決してむずかしいものではありません。

　そもそも会社が事業を行うにはお金が必要です。事務所を借りるのにも、パソコンや電話を購入するにも、また従業員を雇うにしてもお金が必要です。会社はこうした資金をどうやって調達するのでしょうか？

　たとえば、株式会社では株主が資金を出します。これが会社をスタートさせるお金で、「資本金」と呼びます。ちなみに、株主など資金を出してくれる人のことを出資者といい、そのお金を出資金といいます。

　会社でない場合には、自分で資金を用意することになります。これは「元入金」といいますが、資本金も元入金も資本金として、「純資産のグループ」に属します。

　資本金の一部を「資本準備金」という勘定科目で処理することがありますが、とりあえず、そういう処理の仕方があるという点だけ知っていればOKです。

　それから、事業がうまくいけば「利益」が出ます。その利益を蓄積した分も「未処分利益」という勘定科目で純資産グループになります。

　つまり、**純資産は、出資者からの出資金と利益の蓄積分で構成されているのです。**

資産、負債、純資産って何？

資産

会社のもっている財産をあらわすグループ

おもな勘定科目

現金・預金・受取手形・備品・車両・土地　など

負債

会社が将来支払うお金のグループ

おもな勘定科目

借入金・支払手形・預り金・社債　など

純資産

会社が出資を受けたお金のグループ

おもな勘定科目

資本金・資本準備金・元入金　など

会社の経営状態は、資産、負債、純資産を見ればわかる！

損益計算書の構成を知っておこう

収益と費用の関係で儲けがつかめる

●費用と利益の合計が収益

貸借対照表が企業の財産をあらわすのに対し、**会社の儲け（経営成績）をあらわすのが「損益計算書」です。**

損益計算書は「収益」と「費用」から成り立っていて、左側に費用、右側に収益を記入します。

貸借対照表の場合、左側の「資産」と右側の「負債」「純資産」が釣り合いましたが、損益計算書の「収益」と「費用」の合計が釣り合うと、その企業の儲けはまったくないということになってしまいます。

100万円の売上に対して100万円費用がかかっては、儲けはゼロです。そこで、損益計算書には、「利益」という項目が登場します。費用と利益の合計が収益となるわけです。

収益＝費用＋利益

簡単な例で見てみましょう。

仕入500万円、給料150万円、旅費交通費50万円がかかったとしましょう。これら費用の合計は700万円ですね。

そして、売上800万円、雑収入50万円で収益の合計が850万円とした場合、利益は150万円ということになります。会社の儲けが150万円あったことがわかります。

損益計算書に登場する収益、費用、利益の3つの関係は、費用と利益の合計が収益だということがわかりますね。

以下に、収益と費用のグループについて説明します。

収益のグループ
会社の営業活動内外の収入

●収益の代表格はなんといっても「売上」

企業が経営を続けていくためには、収益がなくてはなりません。では、収益とはいったい何でしょうか？
「会社の儲けってことでしょ」と答える人がいますが、それはちょっと違います。

それは「収益」と「利益」の違いで説明できます。

たとえば、わんにゃんフードで100円の缶詰が1個売れた場合、収益は100円ですが、利益は100円ではありません。この100円から、缶詰をつくる費用を差し引いたものが利益です。

このように、収益の代表格はなんといっても「売上」です。とはいえ、収益は売上だけではありません。

たとえば、預金に利息がついた場合も収益となり、「受取利息」という勘定科目になります。また、企業として他社の株式をもっていた場合には、配当金をもらうこともあるでしょう。これは「受取配当金」として収益グループに入ります。

しかし、あまりむずかしいことを考えずに、**企業の儲けとなる収入があったら、それは「収益」**と考えていいでしょう。

では、200万円の売上が出た場合、二面的に考えるとどうなるでしょうか。
「現金(資産)が200万円増えた」「売上(収益)が200万円増えた」ですね。

費用のグループ

会社の営業収入のために必要となったお金

●これは収益をあげるためにかかったお金か？

「何かを得るためには、何かを失う」とはよく言ったもので、企業が収益を得るためには、さまざまな「費用」がかかります。材料を仕入れるにも、従業員の給料を払うにも費用がかかります。電気代も交通費もすべて費用にあたります。

ここで注意しなければならないのは、「会社からお金が出ていけばすべて費用」というわけではないということ。

たとえば、5,000万円で土地を購入したとしましょう。この5,000万円は費用といえるでしょうか？　答えはノーです。

費用というのは、あくまでも収益をあげるために直接かかったお金と考えてください。

何か支出があった場合、「これは今期の収益を上げるためにかかったお金かな？」と考えてみるといいでしょう。

「費用グループ」の具体的な勘定科目としては、「仕入」「給料」「通信費」「旅費交通費」「水道光熱費」「支払手数料」「消耗品費」などが挙げられます。

また、有価証券や固定資産を売却するときには、購入したときより価値が下がっていて損をすることがあります。この場合に発生する「有価証券売却損」「固定資産売却損」も費用グループに入ります。

収益と費用の関係は？

収益

会社の営業内外の収入をあらわすグループ

おもな勘定科目

売上・受取利息・有価証券売却益・雑収入　など

費用

収益を得るために必要になった支出をあらわすグループ

おもな勘定科目

仕入・給料・通信費・水道光熱費・支払手数料・有価証券売却損　など

収益－費用＝利益

会社の儲け！

収益と費用の関係で利益がわかる！

第2章　簿記の流れと仕組みを知る

収益・費用・利益の三角関係

収益と費用の関係で「利益」が生まれる

● 「損益法」と「財産法」で利益を計算する

先ほど述べたとおり、損益計算書は収益と費用で構成されますが、そこに絡んでくるのが利益です。

利益を考えるときの方法は2つあります。「**損益法**」と「**財産法**」と呼ばれるものです。

損益法では、収益から費用を引いて出た金額を利益と考えます。ある商品が100万円で売れて、そこから仕入にかかったお金、運送代、給料などを引いて20万円残ったとします。その20万円が利益と考えるのが損益法です。

損益法……収益－費用＝利益

それに対して、財産法は、純資産の利益の蓄積がどのくらいかを見ようという考え方です。

つまり、ある会計の期間内での初めと終わりとの差から見るのです。会計期間の初め（期首と呼びます）の純資産が100万円だったとします。そして会計期間の終わり（期末と呼びます）の純資産が120万円だったとすると、利益は20万円ということになります。

財産法……期末純資産－期首純資産＝利益

これが財産法による利益の考え方です。

損益計算書の利益の計算方法では、財産法と損益法の両方を使います。これは利益を考えるうえでの基本となるものなので覚えておいてください。

利益を考える2つの方法って？

損益法

100万円 － 80万円 ＝ 20万円

- 売り上げた！
- 運送費など販売までに費用がかかった
- 利益が出た！

収益－費用＝利益

財産法

4月1日（期首） ─────── 3月31日（期末）

純資産100万円　純資産120万円　＝20万円の利益

期末純資産－期首純資産＝利益

この2つの方法が「儲かったか」を考える基本！

第2章　簿記の流れと仕組みを知る

新会社法で簿記はどう変わったか
簿記・経理にも影響があります

2006(平成18)年5月1日に新会社法が施行されました。

簿記への影響はそれほど大きくはないのですが、経理という視点では影響が少ないとはいえません。「はじめに」で触れましたが、それまで「資本」という名称を使っていたお金のグループは、「純資産」という名称に変わりました。

新会社法による大きな変更点を押さえておきましょう。

●最低資本金の廃止

会社を設立する際に必要だった「最低資本金」がなくなりました。それまでは株式会社なら1000万円、有限会社なら300万円と決められていた最低資本金の制度がなくなり、資本金1円からでも会社を設立できるようになったのです。

これによって、既存の会社は1000万円以下への減資(資本金を減らすこと)が可能になりました。減資は、まさに簿記を使って行う作業です。また、設立が容易になったことから世の中に会社が増えて、簿記や経理の能力に対するニーズが高まりました。

●有限会社の廃止

有限会社制度が廃止されました。これが新会社法による最も大きな変更点かもしれません。ただ世の中から有限会社がなくなるのではなく、新会社法以降、有限会社がつくれなくなった

ということです。

すでにある有限会社は、特例有限会社という形でこれまでどおりの活動が認められています。

●株主配当が年に何回も行える

新会社法以前は、配当について、年1回、または中間配当を含めたものでしたが、施行後は年に何回でも、いつでも配当が可能になりました。よって株式の配当に関する処理作業も増えました。

●利益処分・損失処理案がなくなった

決算時には、決算書として貸借対照表と損益計算書を提出しますが、これまでは決算書と一緒に営業報告書、利益処分・損失処理案などの計算書類を提出していました。利益処分・損失処理案は取締役会が年に一度、利益と損失の処分案を作成し、株主総会で承認されるものでした。

しかし新会社法施行後は、資本金の増資減資が自由化され、配当金が年にいつでも何回でも配当できるようになったため、余剰金の分配と同じものになり、利益処分・損失処理案は廃止されることになりました。

新会社法の簿記・経理への影響という点では、これくらいの認識があればいいでしょう。

第3章

仕訳の技術を身につけよう

実例を通して学ぼう

ここまでで簿記の全体の流れと構図がわかったと思うので、次は具体的に作業していきましょう。仕訳をしていきます。

いよいよ具体的な作業に入るわけですね！ 楽しみです。

初めに話したとおり、仕訳は、入ってきたものは「左」出ていったものは「右」が大原則。左を「借方」、右を「貸方」と呼ぶのよ。次のような8つの仕訳パターンの基本も覚えてね。
① 資産が増加したときは「左」
② 資産が減少したときは「右」
③ 負債が増加したときは「右」
④ 負債が減少したときは「左」
⑤ 純資産が増加したときは「右」
⑥ 純資産が減少したときは「左」
⑦ 費用が発生したときは「左」
⑧ 収益が発生したときは「右」

わー、なんか複雑ですね。

資産・負債・純資産・収益・費用の5項目で覚えてしまえば、それほどむずかしくはないはずよ。5項目の仕訳の8つのパターンを覚えればいいのよ。単純でしょ？ 8つのパターンについてはあとで詳しく説明するわね。

この仕訳の8つのパターンさえ覚えればいいんですね！

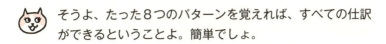そうよ、たった8つのパターンを覚えれば、すべての仕訳ができるということよ。簡単でしょ。

ほかに、仕訳でとくに注意すべきところは何かありませんか？

そうね、繰越商品には期首繰越商品有高と期末繰越商品有高があるので処理の仕方に迷うことぐらいかしら。でも慣れればすぐに迷わなくなるわ。

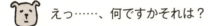えっ……、何ですかそれは？

各期末の損益を確定させるときに、売上原価を計算するために必要な知識よ。期首繰越商品は必ず毎期首に仕入勘定に振り替えなければいけないことと、期末に残った商品、期末繰越商品は仕入勘定から繰越商品に振り替えなければいけないということよ。

うーん、わかったような、わからないような……。

そうそうもう1つ、商品券には気をつけないといけないわね。デパートなどの業種では、自分の会社で発行した商品券は負債勘定で、他の会社が発行した他店商品券を受け取ったときは資産勘定だと覚えておかないといけないわね。

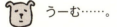うーむ……。

口で説明するだけではわからないわよね。実際の例を通して学んでいきましょう！

ハイ！

仕訳の基本ルール

取引を左と右に分けるだけ！

●8つのルールを覚える！

「簿記は仕訳がむずかしい」と言う人がいますが、**「仕訳」とは、取引を左と右に分けるだけの作業**です。

どうやって左右に分けるかといえば、すべての取引について、**「入ってきたものは左」「出ていったものは右」**に分けると決まっています。**左を「借方」、右を「貸方」**といいます。

さて、先に説明したように、会社の取引は「資産」「負債」「純資産」「収益」「費用」という5つのグループに分けられます。これら5つは、右ページのように8つのルールで仕訳することが決まっています。これを覚えれば、仕訳は簡単です。

たとえば、「資産が増えたとき」は「入ってきた」ので左（借方）に記入し、「資産が減ったとき」は「出ていった」ので右（貸方）に記入します

複式簿記は取引を二面でとらえますから、すべての取引を8つのルールのうちの2つの組み合わせであらわします。それぞれの取引がどの組み合わせなのか、それがわかれば仕訳できるわけです。ですから、むずかしく考えず、「このケースはこっちが左、これが右」ということにだけ注目して、仕訳のコツをつかんでください。

この章では、決算書を構成する5つのグループ（資産・負債・純資産・収益・費用）それぞれの代表的な勘定科目の仕訳をしてみましょう。いままで学んだことを守れば必ずできます。

仕訳のルールと組み合わせとは？

仕訳の8つのルール

① 資産が増えたときは借方に記入する
② 資産が減ったときは貸方に記入する
③ 負債が増えたときは貸方に記入する
④ 負債が減ったときは借方に記入する
⑤ 純資産が増えたときは貸方に記入する
⑥ 純資産が減ったときは借方に記入する
⑦ 費用が生じたときは借方に記入する
⑧ 収益が生じたときは貸方に記入する

①〜⑧を仕訳すると

借方	貸方
① 資産の増加	② 資産の減少
④ 負債の減少	③ 負債の増加
⑥ 純資産の減少	⑤ 純資産の増加
⑦ 費用の発生	⑧ 収益の発生

「仕訳」は、取引を借方（左）と貸方（右）に分ける作業

資産グループ

「現金」を仕訳しよう

●現金は資産の最頻出の勘定科目

まずは、資産グループの代表的な勘定科目「現金」を見ていきましょう。

現金は、簿記ではとにかくよく出てきます。**預金をするときも現金、商品を販売したときも現金、交通費を支払うときも現金**というわけで、超頻出の勘定科目です。

それでは、現金1,000万円で土地を購入したというケースの仕訳をしてみましょう。

まず、二面的に考えると、「土地10,000,000が増えた」と「現金10,000,000が減った」ということです。

そして、土地、現金ともに資産グループの勘定科目なので、資産の増加と資産の減少が起こっています。

そこで、借方(左)に「土地10,000,000」、貸方(右)に「現金10,000,000」と仕訳します。

では、もう一例。

従業員に給料500万円を支払った場合はどうでしょう。

「給料5,000,000を払った」という側面と「現金5,000,000が減った」という側面がありますね。

給料は費用グループなので、8つのパターンでは、費用の発生に該当し、現金が減っているので資産の減少も起こっています。つまり、借方(左)は「給料5,000,000」、貸方(右)は「現金5,000,000」となるのです。

現金の仕訳の仕方は?

現金1,000万円で土地を購入した場合

1,000万円の土地が手に入った　　現金1,000万円を支払った

借方	貸方
土地　10,000,000	現金　10,000,000

 現金の収支時に使う最頻度の勘定科目!

資産グループ

「預金」を仕訳しよう

●普通預金と当座預金

　資産グループの勘定科目で「預金」に関するものには、「**普通預金**」と「**当座預金**」がありますが、普通預金は簡単です。

　100万円を普通預金にした場合、「現金1,000,000が減る」「普通預金1,000,000が増える」という二面があるので、資産の増加と減少が起こっています。

　借方（左）に「普通預金1,000,000」、貸方（右）に「現金1,000,000」と書けば、完了です。

　少しややこしいのが、当座預金です。

　当座預金は、通常小切手を決済するための口座なので、誰かに20万円の小切手を渡すと、当座預金から20万円決済されるという形になります。小切手で支払ったときの勘定科目は当座預金となるのです。

　では、商品を仕入れたお金20万円を小切手で支払ったケースで考えてみましょう。

　ここでのやりとりは、「仕入のために200,000かかった」「小切手で200,000払った」という二面ですが、仕入は費用グループの勘定科目なので、借方（左）は「仕入200,000」となり、貸方（右）は「当座預金200,000」となります。

　小切手を渡したときの勘定科目は当座預金ですが、小切手を受け取ったときの勘定科目は現金となります。その点はセットで覚えておきましょう。

普通預金・当座預金の仕訳の仕方は？

現金100万円を普通預金した場合

普通預金が100万円増えた　現金100万円を銀行に渡した

資産の増加　　　　　　　資産の減少

借方	貸方
普通預金　1,000,000	現金　1,000,000

商品を仕入れて、20万円を小切手で支払った場合

仕入れのために20万円かかった　小切手で20万円支払った

費用の発生　　　　　　　資産の減少

借方	貸方
仕入　200,000	当座預金　200,000

普通預金と当座預金、
それぞれの仕訳を覚えよう！

第3章　仕訳の技術を身につけよう

資産グループ
「売掛金」を仕訳しよう

●売掛金の回収時は注意する

「売掛金」とは、商品を販売し、代金はあとで受け取る約束をしたものです。要するに、**ツケで売った**ということです。「掛売りする」という言い方もあります。

ツケというと、なじみのお客さんが飲み代をツケにするというイメージがあるかもしれませんが、商売ではツケで販売することもけっこうあります。

さて、この売掛金も資産グループの勘定科目です。

では、わんにゃんフードが300円の缶詰1,000個を掛売りした場合、どのような仕訳となるでしょうか？

売上は、30万円の売上（収益グループ）が出ているということを押さえておきましょう。同時に30万円の売掛金（資産グループ）が出ています。

つまり、収益の発生と資産の増加が起こっています。それで、借方（左）に「売掛金300,000」、貸方（右）に「売上300,000」と記入します。

この売掛金が後日現金で支払われたときはどうなるでしょうか？ この場合は、売掛金が30万円減って、現金が30万円増えると考えます。資産の増加と減少が起こっているので、借方（左）は「現金300,000」、貸方（右）は「売掛金300,000」となります。

売掛金の仕訳の仕方は？

わんにゃんフードが300円の缶詰1,000個を掛売りした

30万円の売掛金 　　　　30万円の売上があがった

資産の増加　　　　　　　収益の発生

借方	貸方
売掛金　300,000	売上　300,000

売掛金が後日現金で支払われたときは

売掛金が30万円減る　　　現金が30万円増える

費用の発生　　　　　　　資産の減少

借方	貸方
現金　300,000	売掛金　300,000

 ツケで売ったときの仕訳を覚えよう！

第3章　仕訳の技術を身につけよう

資産グループ
「受取手形」を仕訳しよう

●手形は数種類あるが原則は同じ

　代金を現金で受け取らないケースには、売掛金のほかに「受取手形」があります。

　受取手形には、手形を渡した本人が支払う約束手形と第三者が支払う為替手形がありますが、手形を受け取ったときの扱いは原則として同じです。

　商品50万円を販売した際、約束手形を受け取ったとしたら、借方（左）「受取手形500,000」、貸方（右）「売上（収益グループ）500,000」となります。

　このやりとりがもう1段進んだパターンも確認しましょう。

　もともと売掛金となっていた20万円を約束手形で受け取った場合はどうなるでしょうか？

　ここでは売掛金20万円が減り、約束手形20万円が増えたと考えます。つまり、借方（左）「受取手形200,000」、貸方（右）「売掛金200,000」というわけです。

　さらに、この約束手形を現金に換えたら、借方（左）「現金200,000」、貸方（右）「受取手形200,000」となります。

　ここでは、**売掛金→受取手形→現金**というやりとりが行われ、資産グループの勘定科目が連続して出てきます。

　簿記は、こういった1つひとつのやりとりをきちんと記録しておくためにあります。この記録があるので、やりとりの流れをあとで確認することができるのです。

受取手形の仕訳の仕方は？

売掛金となっていた20万円を約束手形で受け取った

約束手形20万円が増えた　　　売掛金20万円が減った

資産の増加　　　　　　　　　資産の減少

借方	貸方
受取手形　200,000	売掛金　200,000

この約束手形を現金に換えると……

資産の増加　　　　　　　　　資産の減少

借方	貸方
現金　200,000	受取手形　200,000

売掛金→受取手形→現金というやりとりが行われる！

資産グループ

「有価証券」を仕訳しよう

●手数料も有価証券の金額に含める

　株券、社債、国債などを「有価証券」といいます。

　会社は、商品やサービスを提供することで収益を得ていますが、資産運用の目的で他社の株や社債などを購入（売却）することがよくあります。

　これらのやりとりについては、「有価証券」という勘定科目を使って記録します。

　ここで注意したいのは、有価証券を購入（売却）する際に発生する「手数料」の扱いです。簿記の仕訳では、この**手数料も有価証券の金額に含めて**考えます。

　たとえば、150万円の株券を現金で購入し、証券会社に手数料3万円を払ったとしましょう。

　このケースでは、153万円の有価証券を買い、現金153万円が減ったと考えるのです。

　つまり、借方（左）「有価証券1,530,000」、貸方（右）「現金1,530,000」となるのです。

　ご存じのとおり、有価証券は価格が上下します。たとえば、取得価額150万円だった銘柄が、200万円になったときに売却すれば、50万円の売却益が出ます。

　こうしたケースの処理については、あとでくわしく説明しますが、売却益は収益グループの勘定科目であり、反対に売却損が出た場合には費用グループの勘定科目として扱います。

有価証券の仕訳の仕方は？

150万円の株券を現金で購入、手数料を3万円支払った

150万円の株券を手に入れた
（手数料3万円）

資産の増加

現金153万円減った

資産の減少

借方	貸方
有価証券　1,530,000	現金　1,530,000

仕訳では手数料も
有価証券の金額とする！

資産グループ
「繰越商品」を仕訳しよう

●売れ残った金額を振り替える

　会社では、仕入れた商品をその年のうちに売り切ってしまうことはまれです。たとえば、50万円の商品を仕入れて、そのうち10万円が売れ残り、翌期に売るということが毎年起こっています。

　会社は年に一度（会社によっては複数回）決算をします。この決算のときに、**売れ残った10万円をどう処理するかが問題**になります。もし、仕入として10万円をそのまま来期に持ち越したら、まるでその年（来期）に10万円の仕入をしたようになってしまいます。それは事実と異なります。

　そこで、この10万円を「繰越商品」という資産グループの勘定科目に振り替える作業を行います。ちなみに、仕入は費用グループの勘定科目で、仕入をしたら借方（左）で扱います。ところが、ここでは仕入れたはずの10万円を別の勘定科目に振り替えるので、仕入の取消しと考えて貸方（右）で扱います。

　つまり、繰越商品という資産の増加、仕入の取消しという2つの側面があるということです。

　実際の仕訳を確認してみましょう。

　借方（左）「繰越商品100,000」、貸方（右）「仕入100,000」となります。

　これは決算書をつくる前段階の決算整理（P142）のときに使う考え方なので、頭の片隅に置いておいてください。

繰越商品の仕訳の仕方は？

10万円分の商品が売れ残り、来期に繰り越す必要がある場合

繰越商品が生まれた

| 資産の増加 |

仕入から繰越商品に
勘定科目が変わった

費用の取消し

※費用の取消し、収益の取消しは一度発生した費用・収益を取り消すときに使う。(費用の取消しは貸方で収益の取消しは借方)

| 今回は仕入れが取り消された |

借方	貸方
繰越商品　100,000	仕入　100,000

●収益と費用は一度発生しても
　来期への繰越しや計上で取り消すことがある

費用の発生		収益の発生
↓		↓
収益の取消し		費用の取消し

「繰越商品」は次期に繰り越す商品があるときに使う勘定科目！

資産グループ
「未収金」を仕訳しよう

●有価証券を売却したケース

　売掛金のようにあとでお金が入ってくる場合も、商品を売ったケースと有価証券を売却したケースでは、勘定科目が異なります。

　この2つのケースは代金をまだ受け取っていないという意味では同じですが、商品の売上代金を受け取っていないなら「**売掛金**」、**有価証券の場合は「未収金」**という勘定科目を使います。土地、建物、備品などを売却した場合も未収金を使います。

　たとえば、150万円の株券を売却し、50万円の売却益が出たが、代金はまだ受け取っていない場合、有価証券という資産が減少し、未収金という資産が増加していると考え、そのとき「有価証券売却益」という収益も発生します。

　つまり、借方（左）「未収金2,000,000」、貸方（右）「有価証券1,500,000」「有価証券売却益500,000」となります。

　さらに、この未収金が現金として入ってくれば、借方（左）「現金2,000,000」、貸方（右）「未収金2,000,000」となるわけです。

　ちなみに、資産グループの売掛金、受取手形、未収金は、負債グループの買掛金、支払手形、未払い金とセットにして覚えてください。商品を売った（買った）場合→「売掛金、買掛金」、それ以外を売った（買った）場合→「未収金、未払金」という区別もまったく同じです。

未収金の仕訳の仕方は？

150万円の株券を売却し、50万円の有価証券売却益が発生したが、まだ代金を受け取っていないとき

200万円の未収金が生まれた

資産の増加

150万円の有価証券が減った
50万円の差益を得た

資産の減少

収益の発生

借方	貸方
未収金　2,000,000	有価証券　　　1,500,000 有価証券売却益　500,000

「未収金」はおもな営業活動以外の未収代金の勘定科目！

負債グループ

「買掛金」を仕訳しよう

●売掛金と買掛金はセットで考える

ここからは、「負債グループ」の仕訳です。

商品をツケで販売したときには資産グループの「売掛金」になりましたが、**商品をツケで購入したとき**には負債グループの勘定科目「買掛金」となります(これらはセットで考えてください)。

買掛金の仕訳パターンを見ていきましょう。

まずは、単純に商品10万円を掛けで仕入れた場合はどうでしょうか?

仕入は費用グループなので、費用の発生と負債の増加ですから、借方(左)は「仕入100,000」で、貸方(右)は「買掛金100,000」となります。

では、この買掛金10万円を約束手形で支払ったとしましょう。約束手形で支払う場合には、負債グループの勘定科目である「支払手形」を用います。

すると、買掛金がなくなって、支払手形が増えるわけですから、負債の減少と増加が同時に起こっていると考えます。

借方(左)が「買掛金100,000」、貸方(右)が「支払手形100,000」となります。

「買掛金→支払手形」という動きは、資産グループでも説明した「売掛金→受取手形」と同じなのです。

買掛金の仕訳の仕方は？

10万円の商品をツケで仕入れた場合

10万円の商品をツケで仕入れた　買掛金10万円が生まれた

| 費用の発生 | 負債の増加 |

借方	貸方
仕入　100,000	買掛金　100,000

この買掛金10万円を約束手形で支払った場合

買掛金10万円がなくなった　10万円の支払手形が生まれた

| 負債の減少 | 負債の増加 |

借方	貸方
買掛金　100,000	支払手形　100,000

商品を購入し、代金をあとで払うときに用いる勘定科目！

負債グループ
「未払金」を仕訳しよう

●買掛金と未払金の違い

「未払金」は、商品以外のものを購入して、その代金をまだ払っていないときに使う勘定科目です。商品を仕入れて代金を払っていない場合は買掛金となりますが、**事務所のデスクなどを購入した代金を払っていない場合は未払金**となります。

未払金については、買掛金との使い分けが理解できてしまえば、むずかしいことはなにもありません。

事務所のデスクを5万円で購入した代金をまだ支払っていないケースの仕訳をしてみましょう。

デスクは「備品」という資産グループの勘定科目なので、資産の増加と負債の増加が起こっていることになります。

そこで、借方（左）「備品50,000」、貸方（右）「未払金50,000」となります。

では、この5万円をあとで現金で支払った場合はどうなるでしょうか。

当然、未払金という負債の減少と現金が減るので、資産の減少が起こります。よって、借方（左）「未払金50,000」、貸方（右）「現金50,000」となるわけです。

ここまで何度も述べていますが、仕訳は、それぞれやりとりがどの勘定科目に属するのか、そして8つのパターンのうちどれが起こっているのかを考えることが最大のポイントなのです。

未払金の仕訳の仕方は？

5万円で購入した事務所机の代金をまだ支払っていない場合

デスク（備品）を5万円で購入　　まだ代金を支払っていない

資産の増加　　　　　　　　　　負債の増加

借方	貸方
備品　50,000	未払金　50,000

その後に現金で支払った場合

未払金がなくなる　　　　　　　現金が減る

負債の減少　　　　　　　　　　資産の減少

借方	貸方
未払金　50,000	現金　50,000

商品以外のものを購入した代金を
まだ払っていないときに用いる勘定科目！

負債グループ

「借入金」を仕訳しよう

● 「支払利息」がつく場合もある

　会社の負債といえば、やはり「借入金」でしょう。**銀行などからお金を借りる場合に用いる勘定科目**です。

　借入金には「長期借入金」と「短期借入金」があります。長期借入金とは1年以上借りるもので、短期借入金は1年以内に返済するものですが、この違いがわかっていれば十分なので、ここでは単純に借入金として話を進めていきます。

　では、銀行から200万円を借りた場合の仕訳はどうなるでしょうか？

　ここでは借入金という負債が増加し、現金という資産も増加していますね。そこで借方（左）「現金2,000,000」、貸方（右）「借入金2,000,000」となります。

　さて、この借入金200万円を銀行に返済するときに、5万円の利子がついた場合はどのような処理が必要でしょうか。「支払利息」は費用グループの勘定科目です。つまり、現金という資産の減少、支払利息という費用の発生、借入金という負債の減少という3つが同時に起こっているわけです。

　そこで、借方（左）「借入金2,000,000」「支払利息50,000」、貸方（右）「現金2,050,000」となります。

　3つのやりとりになっても、整理して考えれば決してむずかしくはありません。

借入金の仕訳の仕方は？

銀行から200万円を借りたとき

現金200万円が増えた　　　借金200万円ができた

| 資産の増加 | 負債の増加 |

借方	貸方
現金　2,000,000	借入金　2,000,000

200万円の返済をするとき、5万円の利子がついた場合
（勘定科目は支払利息を用いる）

費用の発生	
負債の減少	資産の減少

借方	貸方
借入金　2,000,000 支払利息　　50,000	現金　2,050,000

 借入金には「長期借入金」と「短期借入金」がある！

第3章　仕訳の技術を身につけよう

負債グループ
「仮受金」を仕訳しよう

●出所不明のお金の処理に使う

　もともと簿記は、お金やモノの出入りをはっきりさせるためにあるものです。ところが、会社業務を日々こなしていると、はっきりしないお金が手元にあったなんてことがときどき起こります。

　たとえば、ここに出所が不明なお金5万円があったとしたら、どう処理すべきでしょうか？　5万円の現金が増えたのだから、借方（左）に「現金50,000」と書いておけばいいじゃないかと思う人は、簿記の知識50点。

　簿記では、必ず二面的に考えなければならないので、貸方（右）にどんな勘定科目を立てるのかという問題が残ります。勝手に、売上の一部だろうと判断するわけにもいかないし、借りたわけでもないのに借入金とするわけにもいきません。

　そこで登場するのが、負債グループの「仮受金」です。**何のお金かわからないけれど、とりあえず処理しておくための勘定科目**です。そこで、借方（左）「現金50,000」、貸方（右）「仮受金50,000」となります。

　決算時にはこの仮受金の調査をして、出所が判明することもよくあります。もし、売掛金が支払われたものだとわかったのなら、仮受金という負債の減少、売掛金という資産の減少が起こり、借方（左）「仮受金50,000」、貸方（右）「売掛金50,000」という仕訳になります。

仮受金の仕訳の仕方は？

出所不明の現金5万円があった場合

現金5万円が手に入った　　　出所がわからないお金5万円が出てきた

| 資産の増加 | 負債の増加 |

借方	貸方
現金　50,000	仮受金　50,000

決算時に売掛金が支払われたものだとわかったら

| 負債の減少 | 資産の減少 |

借方	貸方
仮受金　50,000	売掛金　50,000

出所が不明確なお金を扱うときの勘定科目！

負債グループ

「商品券」を仕訳しよう

●自店発行の商品券と他店で発行された商品券

　商品券で買い物をしたことありますか？　じつは、商品券は、仕訳がちょっとばかりややこしいのです。頭を整理して考えてみましょう。

　まず、商品券について考えるときには、商品券を発行している側の視点をもってください。

　すると、1万円の商品券を売ると、1万円の現金が入ってきます。この入ってきた現金は、当然、資産グループの現金として扱います。つまり資産の増加です。

　では、自店が発行した商品券はどのように扱うのでしょうか。「売れたのだから売上」と考えたいところですが、**商品券は、あとで商品を渡さなければならない支払手形のようなもの**です。渡すものが現金でないとはいえ、あとから渡さなければならないので、負債グループで扱います。勘定科目は「商品券」で、負債の増加となります。

　つまり、借方（左）「現金10,000」、貸方（右）「商品券10,000」となるわけです。

　そして、商品券1万円で買い物をした人が出た時点で、初めて収益グループの売上となるのです。

　その際の仕訳は、商品券1万円という負債が減少し、収益1万円の発生ですから、借方（左）「商品券10,000」、貸方（右）「売上10,000」となります。

商品券の仕訳の仕方は？

1万円の商品券を売った場合

現金1万円が増えた　　　1万円の商品券を手放した

資産の増加　　　　　　負債の増加

借方	貸方
現金　10,000	商品券　10,000

その商品券が使われたとき

負債の減少　　　　　　収益の発生

借方	貸方
商品券　10,000	売上　10,000

自店商品券はあとで商品を渡すための支払手形のようなもの！

●他店発行の商品券は受取手形のようなもの

さらに、商品券について考えてみましょう。

商品券には、自分の店で発行したものもあれば、他店で発行されたものもあります。お客さんが自店で発行した商品券を使って、自店で買い物してくれるとはかぎりません。

Ａデパートで、Ｂデパートで買った商品券を使うというパターンですね。

このようにＡ店でＢ店の商品券を受け取った場合には、後日Ｂ店へ行って、現金に換えてもらうことができます。**そういう意味では、他店の商品券は受取手形のようなもの**で、資産グループに入ります。ちなみに、簿記の勘定科目で「商品券」と言えば自分の店で販売したものを示し、他店の商品券は「他店商品券」という扱いになります。

そこで、お客さんがＢ店の商品券２万円を使ってＡ店で買い物をしたときには、資産の増加と売上の発生が起こります。

借方（左）「他店商品券20,000」、貸方（右）「売上20,000」となるわけです。

最後に、このＢ店発行の商品券２万円をＢ店で精算してもらったときの仕訳を確認してみましょう。

ここでは、「他店商品券」という資産が減少し、「現金」という資産が増加します。つまり、借方（左）「現金20,000」、貸方（右）「他店商品券20,000」となるのです。

商品券は、それぞれのケースによって扱いが異なるので混乱しがちですが、まず商品券を売ったときは負債の増加、商品券を受け取ったときは負債の減少と整理しましょう。

他店商品券の仕訳の仕方は？

お客がA店でB店の商品券2万円を使って買い物したとき

Bデパートの2万円商品券を手に入れた

資産の増加

2万円の売上が入った

収益の発生

借方	貸方
他店商品券　20,000	売上　20,000

上記の商品券をB店で精算してもらったとき

資産の増加

資産の減少

借方	貸方
現金　20,000	他店商品券　20,000

他店商品券は受取手形のようなもの！

純資産グループ

「資本金」を仕訳しよう

●資本金を普通預金口座に預けたときは?

ここからは、「純資産グループ」について説明します。

純資産に関しては、細かなところを勉強する前に、簡単な仕訳を繰り返すことでイメージをつかむことが大切です。

まずは「**資本金**」。会社が事業を運営するための基礎となるお金のことです。株式会社では、発行した株を引き受けてくれる人や会社があればお金が入ってきます。このお金が資本金です。

株式会社を設立して資本金500万円を普通預金口座に預けたとしたら、仕訳はどうなるでしょう。

最初に考えるのは、「普通預金という資産が増加している」ということと、「資本金500万円という純資産が増加している」ということです。すると、借方(左)「普通預金5,000,000」、貸方(右)「資本金5,000,000」となりますね。

基本的な考え方は、これでOKです。

「**資本準備金**」についても説明しておきましょう。

通常、株主などからの出資金は資本金として処理しますが、場合によって出資金の一部を資本準備金として処理することがあります。なぜ、そうするかというと、資本金に比べて資本準備金として処理したほうが、法的な拘束がゆるく、会社にとって都合がいい場合があるからです。

これら資本金、資本準備金はあまり変動しない科目なので、日常の経理を行ううえでは概要がわかっていれば十分です。

資本金の仕訳の仕方は？

株式会社を設立して、資本金500万円を普通預金口座に預けた場合

普通預金が500万円増えた　資本金500万円を銀行に預けた

資産の増加　　　　　　　　　純資産の増加

借方	貸方
普通預金　5,000,000	資本金　5,000,000

株主からの出資金のうち
1/2以内の金額を資本金にしないことができる

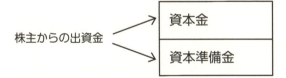

 資本金は会社が事業を運営するための基礎となるお金のこと！

純資産グループ
「元入金」を仕訳しよう

●個人事業者の出資金の扱い方

　個人企業（個人事業主）の純資産についても少し勉強しておきましょう。

　個人企業は、株式会社のような法人企業とは違って、複数の出資者によって資本金が成り立っていません。個人のお金を使って事業を始めます。

　このように個人事業主が事業を始めるにあたって、**自分で出資したお金は「元入金」という勘定科目で扱います。**

　自分のお金200万円を使って、飲食店を開業したとしたら、お店としては200万円という現金が増加し、同時に元入金（純資産）も増加していることになります。

　借方（左）「現金2,000,000」、貸方（右）「元入金2,000,000」となるわけです。

　個人企業では、「ちょっと家計が苦しくなったので、元入金から5万円を引き出した」なんてケースがありますね。この場合には**「引出金」**という勘定科目で扱います。

　引出金という純資産が減少し、現金という資産も減少し、借方（左）「引出金50,000」、貸方（右）「現金50,000」となります。

　ただし、決算時には元入金から差し引いて、引出金を消滅させておかなければなりません。その際は、借方（左）「元入金50,000」、貸方（右）「引出金50,000」という処理をします。

元入金・引出金の仕訳の仕方は？

お店を開業するため、現金200万円を用意した場合

現金200万円が増えた　　　元入金200万円ができた

資産の増加　　　　　　　純資産の増加

借方	貸方
現金　2,000,000	元入金　2,000,000

元入金から5万円を引き出した場合

引出金ができた　　　　　現金が減った

純資産の減少　　　　　　資産の減少

借方	貸方
引出金　50,000	現金　50,000

 元入金と引出金の仕訳も勉強しておこう！

収益グループ

「売上」を仕訳しよう

● **値引きをして売ったときには？**

ここからは、「収益グループ」について説明します。

収益グループの代表は「売上」です。**売上とは、その会社の商品、サービスによって得られた収益を記録するための勘定科目です**（会社の備品などを売ったお金は売上には入りません）。

具体的な仕訳を見ていきましょう。

わんにゃんフードが100円の缶詰2,000個を掛けで売ったとしたらどうなるでしょうか。

収益の発生と資産の増加が起こっているので、借方（左）「売掛金200,000」、貸方（右）「売上200,000」となります。

では、缶詰の一部にキズがついていたため、2万円の値引きを行った場合には、どんな処理になるでしょう？

値引きを行った場合、売上から直接減額する場合もありますが、**「売上値引」**という勘定科目を利用することがあります。これは少し特別で、商品単価の訂正なので、収益の取消しと考えます。収益の取消しが2万円発生し、資産（売掛金）が2万円減少したという形で処理するのです。

そのため、借方（左）「売上値引20,000」、貸方（右）「売掛金20,000」となります。

このほかにも、不良商品・キズなどの理由で返品を受けた場合などに使う**「売上戻り高」**などがありますが、これも収益の取消しと考え、売上から直接減額される場合があります。

売上の仕訳の仕方は？

100円の缶詰2,000個を掛け（後払い）で売った場合

売掛金20万円が発生した　　売上が20万円あった

| 資産の増加 | 収益の発生 |

借方	貸方
売掛金　200,000	売上　200,000

缶詰の一部にキズがついていて2万円値引きした場合

「売上値引」という科目で収益の取消しと考える

| 収益の取消し | 資産の減少 |

借方	貸方
売上値引　20,000	売掛金　20,000

 値引きして売ったときは「売上値引」という勘定科目を利用する！

収益グループ

「受取利息」を仕訳しよう

●受取利息は支払利息とセットで覚える

　銀行に預金をしていると「利息」がつきます。会社でも同じです。この**利息も収益の1つ**です。この際に使う勘定科目は「受取利息」です。

　利息を銀行から1万円受け取った場合の仕訳例は、受取利息1万円という収益が発生し、普通預金1万円の資産が増えるというだけです。じつに簡単ですね。

　受取利息と一緒に**「支払利息」**もセットで覚えてしまいましょう。

　借金をしていると、利息を払わなければなりません。このお金は費用グループの「支払利息」という勘定科目にあたります。100万円の借入金と1万円の支払利息を払った場合には、借方（左）「借入金1,000,000」「支払利息10,000」、貸方（右）「現金1,010,000」となります。

　受取利息に関連して、「受取配当金」という勘定科目も押さえておきましょう。会社が他社の株式をもっていれば、配当金が入ってくることがあります。このお金を記録する科目です。

　では、配当金2万円が普通預金に入ったときは、どういう仕訳になるでしょうか。瞬間に、借方（左）「資産の増加」、貸方（右）「収益の発生」と頭に浮かべば、かなりいい感じです。

　借方（左）「普通預金20,000」、貸方（右）「受取配当金20,000」となります。

受取利息の仕訳の仕方は？

受取利息を銀行で1万円受け取った場合

現金1万円が増えた　　　　利息1万円が発生した

資産の増加　　　　　　　収益の発生

借方	貸方
普通預金　10,000	受取利息　10,000

100万円の借入金と1万円の利息を払った場合

費用の発生　　　　　　　資産の減少

借方	貸方
借入金　　1,000,000 支払利息　　　10,000	現金　1,010,000

 利息や配当金も収益となる！

収益グループ
「有価証券売却益」を仕訳しよう

●売却益と売却損をセットで覚える

　株式などの有価証券は相場によって価格が変動します。100万円で買った株が120万円になったときに売却すれば、単純計算で20万円の儲けが出ます。

　このように**有価証券を売却して得られた儲けも収益グループに入り、「有価証券売却益」という勘定科目**で処理します。

　反対に、100万円で買った株の価格がどんどん下がっているので、仕方なく90万円の時点で売却したとしましょう。すると10万円の売却損が出ます。このような**「有価証券売却損」は費用グループの勘定科目**となります。この2つはセットで覚えておきましょう。では、具体的な仕訳を見ていきましょう。

　まず、100万円で買った株を120万円で売却した場合はどうなるでしょうか。

　現金120万円が増える、有価証券100万円が減る、有価証券売却益20万円が増えるという3つの側面があることに気がつきましたか？　そこに気づいてしまえば、仕訳ができたも同然です。資産の増加、資産の減少、収益の発生という3パターンなので、それに見合った仕訳をすれば完了です。

　借方（左）「現金1,200,000」、貸方（右）「有価証券1,000,000」、「有価証券売却益200,000」となります。

　補足ですが、売却手数料は売却益と相殺することができるということも頭の片隅に置いておいてください。

有価証券売却益の仕訳の仕方は？

100万円で買った株を120万円で売却した場合

現金が120万円増えた

100万円の有価証券を手放し値上がりした分の20万円を得た

資産の増加

資産の減少

収益の発生

借方	貸方
現金　1,200,000	有価証券　　　1,000,000 有価証券売却益　200,000

※購入時よりも株価が下がっているときに売却した場合は「有価証券売却損」という費用の勘定科目になる

株式の売買時には「有価証券売却益」か「有価証券売却損」を使う！

収益グループ

「固定資産売却益」を仕訳しよう

●固定資産を売却したときの扱い

　固定資産は、有価証券と同様に**売却したときに儲けが出れば、「固定資産売却益」として処理**します。

　固定資産は土地、建物、車両運搬具などを指しますが、購入後に不要となって売却することもあります。

　その際に儲けが出れば、「固定資産売却益」となり、損をした場合には**「固定資産売却損」**という費用グループの勘定科目となります。これもセットで覚えておくといいでしょう。

　2,000万円で購入した土地を2,300万円で売れば、300万円の収益があるということです。

　しかし、車両運搬具のように、購入時よりも売却時のほうが値段が下がるものも多いので、固定資産売却損の仕訳についても見ていきましょう。

　200万円で買った商用車が不要になったので、160万円で売却した場合はどうなるでしょうか。

「車両運搬具2,000,000の減少」「現金1,600,000の増加」「固定資産売却損400,000の発生」という3つのパターンが頭に浮かびましたか？　ここまでくれば、仕訳は簡単です。

　借方（左）「現金1,6000,000」「固定資産売却損400,000」、貸方（右）「車両運搬具2,000,000」となります。

　ちなみに、売却手数料5万円がかかったとしたら、借方（左）は「現金1,550,000」「固定資産売却損450,000」となります。

固定資産売却益の仕訳の仕方は？

2,000万円で購入した土地が2,300万円で売れた場合

現金2,300万円が増えた　　　2,000万円の土地を手放し
　　　　　　　　　　　　　値上がりしたお金が入った

資産の増加　　　　　　　　資産の減少
　　　　　　　　　　　　　収益の発生

借方	貸方
現金　23,000,000	固定資産　　　　20,000,000 固定資産売却益　3,000,000

200万円で買った商用車を160万円で売った場合

現金（資産）の増加　　　　車両運搬具（資産）の減少
固定資産売却損（費用）の発生

借方	貸方
現金　　　　　1,600,000 固定資産売却損　400,000	車両運搬具　2,000,000

「固定資産売却益」は収益グループ、「固定資産売却損」は費用グループ！

収益グループ

「為替差益」を仕訳しよう

●決算時の為替レートに注意しよう

 会社が、仕入から販売まですべてを日本国内で行っているとはかぎりません。原材料を海外から輸入したり、商品を海外へ販売したりするなど、国際的に活動している企業はたくさんあります。そこで問題になってくるのが為替です。

 為替レートが1ドル=100円のとき、円をドルに換え、1ドル=110円のとき、ドルを円に換えれば、10円の得となりますね。この10円が為替差益となります。これも収益となるので、「為替差益」という勘定科目で処理する必要があります。

 たとえば、1ドル=100円のとき、10万円をドルに換えて1,000ドルを手にしたが、決算時(1ドル=110円)に円に交換して11万円になったとします。この場合、1万円の現金が増え、1万円の収益が発生したという2つの側面があります。

 そこで、借方(左)「現金10,000」、貸方(右)「為替差益10,000」となるわけです。

 外国とのやりとりが多い企業なら、外貨をそのまま保有していることもあるでしょうし、利率が有利などの理由で外貨預金をしていることもあるでしょう。

 その場合、実際に日本円としてどのくらいの価値があるのかを明確にしなければ、会社の資産はよくわかりません。そこで通常、**決算時には決算時の為替レートを基準に、円計算をして為替の差益・差損を計上します。**

為替差益の仕訳の仕方は？

1ドル＝100円のレートのとき、10万円をドルに交換。
決算時にドルから円に交換したとき
レートが1ドル110円で、11万円になった場合

現金1万円が増えた　　　　　1万円の差益を得た

資産の増加　　　　　　　　　収益の発生

借方	貸方
現金　10,000	為替差益　10,000

 決算のときには決算時の為替レートで円計算して為替の差益・差損を計上！

第3章　仕訳の技術を身につけよう

収益グループ

「雑収入」を仕訳しよう

●金額的に重要でない収入に使う

　会社では本来の営業以外にも、ちょっとしたことでお金が入ってくることがあります。たとえば、製品をつくる過程で出てきた鉄くずや紙くずを売ったり、会社の敷地内に自動販売機を設置した場合なども場所提供料が入ってきます。

　このように**他の勘定科目には該当せず、金額的にもあまり重要性のない収益は「雑収入」として処理します。**

　雑収入の範囲はけっこう曖昧なので、会社によってもずいぶん異なります。地代、家賃収入を雑収入として処理しているところもあれば、別の科目を設けている会社もあります。会社で経理の仕事をするときには、会社ではどのような項目を雑収入としているのかを確認する必要があります。

　作業によって発生した紙くずを売却して、代金3万円を受け取ったとしたら、単純に資産グループの現金3万円が増え、収益グループの雑収入3万円が発生したと考えるだけです。借方（左）「現金30,000」、貸方（右）「雑収入30,000」となります。

　また、決算時に現金が帳簿残高より多かった場合に、雑収入処理をすることもあります。期中に帳簿よりも実際のお金が2,000円多かったときには、借方（左）「現金2,000」、貸方（右）「現金過不足入2,000」と一時的に記録しておきます。そして、決算時になっても原因がわからない場合に、借方（左）「現金過不足2,000」、貸方（右）「雑収入2,000」と振り替えます。

雑収入の仕訳の仕方は？

作業によって発生した紙くずを売却して、代金3万円を受け取った場合

現金3万円が増えた　　　営業外の収入3万円が生まれた

資産の増加　　　　　　収益の発生

借方	貸方
現金　30,000	雑収入　30,000

決算時に現金が帳簿残高より多かった場合

帳簿よりも実際のお金が2,000円多かったとき

借方	貸方
現金　2,000	現金過不足　2,000

決算時になっても原因がわからないとき

借方	貸方
現金過不足　2,000	雑収入　2,000

 雑収入は会社によって基準が異なる。重要性のないお金の処理などに使われる！

費用グループ

「仕入」を仕訳しよう

●支払方法に注意して仕訳する

ここからは、「費用グループ」です。

会社が営業するために商品を仕入れたときに使う勘定科目が「仕入」あるいは「仕入高」です。費用グループのなかでも、頻繁に登場する勘定科目です。

仕入という科目は業者に支払う総額のことで、そのなかに「運送費」などが含まれている場合もあります。

仕入という勘定科目自体はとても簡単ですが、会社がモノを買うときには現金だけでなく、買掛金、小切手などさまざまな支払方法があるので、そこに注意して仕訳しましょう。

たとえば、商品30万円分を掛けで仕入れた場合はどのような仕訳になるでしょうか。

費用の発生と負債の増加なので、借方（左）「仕入300,000」、貸方（右）「買掛金300,000」となります。

では、商品20万円分を小切手で払ったが、運賃1万円は現金で払ったという場合はどうでしょうか。

仕入は業者へ支払う総額なので、仕入は21万円になります。そして、前に説明したように小切手は当座預金という科目になるので、借方（左）「仕入210,000」、貸方（右）「当座預金200,000」「現金10,000」となるわけです。

このように支払方法によって、うまく勘定科目を使い分けられれば、仕訳の理解度が高まっているといえるでしょう。

仕入の仕訳の仕方は？

商品30万円分を掛けで仕入れた場合

仕入代30万円がかかった　　買掛金30万円が生まれた

| 費用の発生 | 負債の増加 |

借方	貸方
仕入　300,000	買掛金　300,000

商品20万円分を小切手で運賃1万円は現金で支払った場合

仕入費用21万円が発生　　小切手で20万円支払い1万円を現金で支払った

| 費用の発生 | 資産の減少 |

借方	貸方
仕入　210,000	当座預金　　200,000 現金　　　　 10,000

 買掛金、小切手などさまざまな支払方法があるので注意！

費用グループ

「給料」を仕訳しよう

●天引きした分は「預り金」で扱う

会社は従業員に給料を払わなければなりません。**給料は会社にとっては費用の扱いになり、費用グループの「給料」という勘定科目で処理します。**

考え方はいたって単純で、普通預金から従業員に対して給料総額500万円を支給したら、借方（左）「給料5,000,000」、貸方（右）「普通預金5,000,000」となるだけです。

もう少しくわしく見てみましょう。

会社に勤めている人なら、給与明細を見て、「ああ、こんなに税金が引かれているんだ」と思ったことがあるでしょう。会社では、従業員に給料を支給するとき、所得税や保険料などをあらかじめ給料から引いています（**天引き**しています）。

会社は、その天引きした分を、あとで税務署などに納めるのですが、天引きした分は負債グループの**「預り金」**という勘定科目で扱います。

では、給料500万円のうち、税として50万円を差し引いて、普通預金から支払った場合の仕訳はどうなるでしょうか。

まず、発生した費用は500万円です。普通預金から実際に支払うのは450万円で、50万円は預り金として処理します。

つまり、借方（左）「給料5,000,000」、貸方（右）「普通預金4,500,000」「預り金500,000」となるわけです。

給料の仕訳の仕方は？

普通預金から従業員に給料総額500万円を支払った場合

給料総額500万円を支払った　　普通預金500万円が減った

費用の発生　　　　　　　　　資産の減少

借方	貸方
給料　5,000,000	普通預金　5,000,000

給料500万円のうち、税金50万円を天引きして、普通預金から支払った場合

費用の発生　　　　　　　　　資産の減少

借方	貸方
給料　5,000,000	普通預金　4,500,000 預り金　　　500,000

 天引きした分は負債グループの「預り金」で扱う！

費用グループ
「旅費交通費」を仕訳しよう

●領収書がないときはどうする？

　業務のために電車、バス、タクシーなどを使ったときに処理する勘定科目が「旅費交通費」です。

　旅費交通費のなかには**通勤手当や定期券代、さらに出張したときの交通費、宿泊費、手当、食事代**などが含まれます。また、**転勤にともなう諸経費**も旅費交通費として扱われます。

　ガソリン代や有料道路料金、有料パーキングの利用料なども旅費交通費に該当しますが、月極駐車場を利用する場合には、「地代家賃」の科目で処理されます。

　旅費交通費は、領収書が発行されない場合が多いので、経理での処理を行う場合、注意が必要です。

　領収書がない場合は、精算書など、何かに記録しておく必要があります。その記録がなければ、税務上、給料として課税の対象になる可能性があるのです。

　簡単な仕訳例としては、出張日当1万円を現金で支給した場合、費用の発生と資産の減少となります。

　よって、借方（左）「旅費交通費10,000」、貸方（右）「現金10,000」となります。

旅費交通費の仕訳の仕方は？

旅費交通費

電車代　　バス代　　タクシー代
通勤手当　　定期券代
出張費（交通費、宿泊費、手当、食事代）
転勤にともなう諸経費
ガソリン代、有料道路料金
有料パーキング利用料　など

出張手当（日当）を現金で1万円支給した場合

出張手当1万円を支給した　　　　現金1万円が減った

費用の発生　　　　　　　　　　　資産の減少

借方	貸方
旅費交通費　10,000	現金　10,000

領収書がない場合は、精算書などに記録しておく！

第3章　仕訳の技術を身につけよう

費用グループ

「役員報酬」を仕訳しよう

●「給料」と「役員報酬」は分けて記録する

　企業が社員に給与を支給する場合、**従業員に払うものは「給料」、役員に払うものは「役員報酬」**という具合に扱いが分かれています。これは必ず分けて記録しなければなりません。

　帳簿のうえでも勘定科目を分けなければなりません。といっても、仕訳の方法は給料と大きく変わりません。

　役員に役員報酬として40万円を普通預金から支給したのならば、借方（左）「役員報酬400,000」、貸方（右）「普通預金400,000」となるだけです。

　ここでちょっと注意してほしいのは、取締役営業部長のように役員でもあり、従業員でもあるというケースです。

　このケースで、仕訳の練習をしてみましょう。

　普通預金からの支給額50万円のうち、役員報酬分が20万円、給料分が30万円。さらに所得税等として7万円を差し引いたとしましょう。

　まず、借方（左）は、「役員報酬200,000」、「給料300,000」となりますね。そして、貸方（右）は実際に払うのは43万円で、7万円はあとで税務署などに納める預り金です。

　つまり、貸方（左）「普通預金430,000」「預り金70,000」という仕訳になるというわけです。

役員報酬の仕訳の仕方は？

役員に役員報酬として普通預金から40万円を支給した場合

役員に40万円支給した　　普通預金から40万円減った

| 費用の発生 | 資産の減少 |

借方	貸方
役員報酬　400,000	普通預金　400,000

役員兼従業員に普通預金から50万円を支給。内訳は、給料30万円、役員報酬20万円で、そこから所得税など7万円を差し引いた場合

| 費用の発生 | 資産の減少 |
| | 負債の増加 |

借方	貸方
役員報酬　200,000 給料　　　300,000	普通預金　430,000 預り金　　　70,000

「給料」と「役員報酬」は勘定科目を分けて記録！

費用グループ

「通信費」を仕訳しよう

●「請求時の処理」と「支払い時の処理」を考える

「通信費」は、その名のとおり通信に関わる料金を処理するための勘定科目です。具体的には、**電話料金、インターネット料金、郵便代、宅配便代、バイク便代**などが含まれます。

仕訳方法は簡単です。インターネット料金として7,000円がかかり、普通預金から引き落としになったというケースであれば、借方（左）「通信費7,000」、貸方（右）「普通預金7,000」と記入すれば、完了です。

少し話が逸れますが、ここで簡単に「**発生主義**」と「**現金主義**」の説明をしておきましょう。

発生主義とは、取引が成立した日を基準とする方法で、現金主義とは、実際にお金を支払った日を基準とします。発生主義と現金主義は、通信費だけにかかわることではありませんが、通信費で考えると理解しやすいので、例を挙げてみます。

電話代が1万円かかった場合、電話会社から請求書が届きますが、その日付が7月10日だったとします。そして、口座引き落としが8月20日だった場合、どう処理すべきでしょうか。

まず、**発生主義であれば、7月10日の時点で、通信費1万円が発生しています**。ところが、お金はまだ支払っていない（引き落とされていない）ため、その時点では未払金となります。すると、借方（左）「通信費10,000」、貸方（右）「未払金10,000」と記録することになります。

通信費の仕訳の仕方は？

通信費

電話料金　インターネット料金
郵便代（切手代）　　宅配便代
バイク便代　など

インターネット料金として7000円がかかり、普通預金から引き落としになった場合

7000円の通信費がかかった　　　　普通預金から7000円引き落とされた

[費用の発生]　　　　　　　　　　[資産の減少]

借方	貸方
通信費　7,000	普通預金　7,000

 通信費には電話やインターネット料金、郵便代、宅配便代などが含まれる！

第3章　仕訳の技術を身につけよう

そして、8月20日に引き落としになったら、普通預金が1万円減り、未払金1万円が消滅するという処理をします。
　借方（左）「未払金10,000」、貸方（右）「普通預金10,000」ですね。

●「水道光熱費」の記録の仕方

　一方、**現金主義では、実際にお金のやりとりがされる8月20日を基準に考える**ので、8月20日の時点で、借方（左）「通信費10,000」、貸方（右）「普通預金10,000」と処理します。
　しかし、現金主義ではすでに契約が成立していて、支払義務が発生しているにもかかわらず、お金を払うときまで記録されないという問題が出てきます。そのため企業では通常、発生主義で処理されています。
　これまでに買掛金という勘定科目で処理する例をいくつも挙げてきましたが、それ自体が発生主義に基づいています。契約が成立して、支払うことは決まっているが、まだ支払っていない。まさにこの状態で記録するのは、発生主義そのものです。
　通信費と処理が似ているものに「水道光熱費」があります。水道、電気、ガス料金などを処理する科目ですが、これも請求書の日付と引き落とし日が異なることが普通ですね。
　簿記の試験などで、水道料金5,000円が引き落とされたというのならば、借方（左）「水道光熱費5,000」、貸方（右）「普通預金5,000」とすればいいのですが、水道料金5,000円の請求書が届いたが、支払いはまだという場合には、借方（左）「水道光熱費5,000」、貸方（右）「未払金5,000」という記録をしなければならないのです。

発生主義と現金主義って？

請求日と支払日がずれている場合は？

発生主義
取引が成立した日を基準とする

現金主義
実際にお金を支払った日を基準とする

7月10日電話代1万円の請求書が届き、口座引き落とし日が8月20日だった場合

発生主義

7月10日　通信費1万円が発生
未払金1万円ができる

借方	貸方
通信費　10,000	未払金　10,000

8月20日　引き落としにより、
普通預金1万円が減少
未払金1万円がなくなる

借方	貸方
未払金　10,000	普通預金　10,000

現金主義

8月20日
通信費1万円が発生し、
普通預金1万円が減る

借方	貸方
通信費　10,000	普通預金　10,000

現在は発生主義が主流！

費用グループ
「減価償却費」を仕訳しよう

●モノの価値は時間とともに減っていく

　会社は、建物や車両運搬具などさまざまな固定資産をもっています。3,000万円の建物、200万円の車両運搬具などが資産として記録されています。ところが、建物にしろ、車両運搬具にしろ、使っているうちにその価値は下がっていきます。5年前に200万円で買った乗用車がいまも同じだけの価値があるかといえば、そうはいきませんね。

　価値が下がったということは、資産が減ったということです。簿記の勉強をしているみなさんは、「ナニ、資産の減少？」と食いつくところではないでしょうか。そうです、資産の減少が起こっているなら、それを記録しなければなりません。

　このように使っているうちに下がってしまった価値を帳簿上でも処理することを「減価償却」といいます。

　ちなみに、土地は減価償却の対象外です。土地の価格が下がったとしても、その土地を売却しないかぎり、価値が下がったとは判断しません。価値が下がったときに土地を売れば、「固定資産売却損」という勘定科目で費用として計上できます。

●仕訳の前に定額法か定率法で計算する

　減価償却をするときには、どのくらい使ったら、どの程度価値が下がるのかがポイントとなります。

　減価償却の計算方法は2種類あります。

減価償却費って何？

固定資産（建物や車など）は時間とともに価値が減少していくものとして、期末ごとに費用として計上する

車　　　　　ビル

デスク　など

使用するほど価値が減っていくものに関して、
減少した価値を費用として記録する

定額法 か **定率法** で計算

毎年同じ金額を計上

毎年一定の割合で価値が下がるものとして計上
最初ほど大きな金額で価値が下がる

減少した価値を費用として記録する！

1つは「定額法」といって、**その資産の価値が毎年同じ額だけ下がる考え方**です。

もう1つは、「定率法」といって、**資産の価値が毎年一定の割合（率）で減っていくという考え方**です。

具体的に減価償却費を計算するときには、次の3つの数字が必要です。

①購入したときの金額（取得原価）
②その資産が利用できると思われる年数（耐用年数）
③耐用年数が終わったとき、処分した際に得られると思われる金額（残存価額）

ここで、①200万円の乗用車を買い、②耐用年数が5年で、③残存価額が取得原価の10％だとした場合を定額法で考えてみましょう。

計算式は、（取得原価－残存価額）÷耐用年数 です。

つまり、（200－20）÷5＝36 というわけで、減価償却費は36万円となります。

ここまできて、やっと仕訳が始まります。

ここでは減価償却費という費用が発生し、車両運搬具という資産が減少しています。そこで、借方（左）「減価償却費360,000」、貸方（右）「車両運搬具360,000」となります。

このように各固定資産そのものの価値が減ったととらえて記録する方法を「直接法」といいます。一方、「間接法」という記録方法では、固定資産そのものを減額するのではなく、減価償却だけに注目して、資産が減っていることを示します。

借方（左）「減価償却費360,000」、貸方（右）「減価償却引当金360,000」という具合になります。

減価償却費の仕訳の仕方は？

減価償却費を計算するための3つの数字

取得原価 — 購入したときの金額

耐用年数 — その資産の使用可能な年数

残存価額 — 耐用年数が終わったときに得られる見積額

計算例（定額法）

200万円の乗用車　耐用年数5年　残存価額が原価の10%

（200－20）÷5＝36　→　減価償却費　36万円

| 減価償却費が発生 | 車両運搬具という資産の減少 |

借方	貸方
減価償却費　360,000	車両運搬具　360,000

減価償却後の資産は
200万円－36万円＝164万円

減価償却費は取得原価、耐用年数、残存価額で計算！

第 4 章

仕訳したものを帳簿に転記する

次はいよいよ帳簿に
記帳していきます

犬田くん、どうだった？ 回数をこなすことでだいぶ仕訳の感覚がわかるようになってきたんじゃない？

初めは8つの仕訳パターンを考えながら仕訳していましたけど、だんだん借方、貸方が自然と浮かぶようになってきました。まだまだ練習が必要ですけど……。

あら、なんとなく自信なさそうね、それとも謙虚な気持ちになってきたの？ さあさあ、元気を出して次は仕訳の結果を帳簿（総勘定元帳）に記帳する手順に入るわよ。

いよいよ帳簿づくりに入るんですね。何もわからなかった僕に帳簿の記帳ができるようになるなんて、なんとなくワクワクしてきますね。

帳簿には主要簿の伝票、仕訳帳、総勘定元帳があって、補助簿には補助記入帳と補助元帳があるのよ。帳簿は会社によって必要なものが違うけど、基本的なものは大体決まっているわ。くわしくはあとで説明するわね。

ところで、帳簿はどんな手順で記帳されるものなんですか？

そうね、まずは手順から覚えなければいけないわね。これまでは仕訳の仕方を説明したわね。その後はまず、仕訳を伝票に記入し仕訳帳に転記するの。同時に補助簿に詳細を

記入するのよ。仕訳帳から総勘定元帳に転記され、その結果と各種補助簿の結果とをつき合わせることで、それぞれ転記ミスがあるかないかを見つけることができるの。このチェックで間違いないことを確認してから、次の手順に進むのよ。

そうか、主要簿と補助簿という二重作業のような帳簿づくりをするのは面倒だと思ったけれど、この方式にはミスをしないためのチェック機能もあるんですね。

そう、そのとおりよ！　よくわかったわね。簿記というのは借方と貸方の合計はつねに同額だし、主要簿と補助簿の各勘定の合計も一致するものなの。一致していなければどこかに間違いがあるということよ。
それじゃあ、実際に帳簿の記入作業に入りましょう。

仕訳したものを主要簿・補助簿に転記する

転記し書きとめて日々の取引を確定する

●「仕訳帳」に記入して「総勘定元帳」へ転記

簿記は、「取引の発生」→「仕訳」→「帳簿記入」という手順で行います。

みなさんは、ここまで勘定科目について学び、数多くの仕訳を経験しました。ここからは具体的な帳簿の記入方法について学んでいきましょう。

さて、帳簿には「**主要簿**」と「**補助簿**」の2種類があります。

主要簿には「**仕訳帳**」と「**総勘定元帳**」があります。

「**仕訳帳**」とは、**日々の取引を日付順に記入する帳簿**のことで、ここまで繰り返し練習してきた仕訳は、まずは仕訳帳に記入されます。

その後、「総勘定元帳」に転記することになります。

「**総勘定元帳**」とは、勘定という名前がついているとおり、**勘定科目別にまとめる帳簿のことです**。

たとえば、8月1日に現金で備品を買って、2日に掛けで商品を仕入れて……というやりとりは、まず発生した順番で仕訳帳に記入されます。

そのあとに、現金、備品、買掛金といった勘定科目ごとにまとめて総勘定元帳に転記するのです。

総勘定元帳をつくることによって、1年間の現金の取引はどうだったのか、借入金はどうかなど勘定科目ごとの流れがすべてわかるようになります。

主要簿って何?

主要簿

- **仕訳帳**
  日々の取引を
  日付順に記入する帳簿

- **総勘定元帳**
  取引を
  勘定科目別にまとめる帳簿

仕訳帳 ─ 総勘定元帳に転記 → 総勘定元帳

総勘定元帳をつくると
1年間の現金の取引はどうだったのか、
借入金はどうかなど
勘定科目ごとの流れがすべてわかる

取引は仕訳帳に記入したあと、
総勘定元帳に転記する!

●補助簿を使ってミスと混乱を回避する

「**補助簿**」は、主要簿では不十分な記録を補うためにつくる帳簿です。

仕訳帳や伝票に仕訳をしていくなかで、総勘定元帳（主要簿）だけに記帳していくと必ずといっていいほどミスが発生します。記帳時にミスをするというよりも、決算時に試算表や精算表をつくっていくときに起こる、細かな数字の食い違いです。

仕訳帳、総勘定元帳では、やりとりのおおまかな結果を整理して確認することができますが、それぞれのやりとりの詳細な内容まではわかりません。その詳細部分を記録するために、補助簿があるのです。

●会社に必要な補助簿だけをつくる

基本的な補助簿には、**7つの補助記入帳（現金出納帳・当座預金出納帳・小口現金出納帳・受取手形記入帳・支払手形記入帳・仕入帳・売上帳）と3つの補助元帳（売掛金元帳・買掛金元帳・商品有高帳）**があります。

しかしこれらのすべての補助簿をつくらなければならないというわけではありません。どの補助簿が必要なのかは業種・会社によって違います。ですから、自分の会社でどの補助簿が必要なのかを理解をする必要はありますが、基本的には自分の会社にこれらの勘定科目があるかぎり、これらの補助簿をすべて作成することが必要であると思っておいてください。

次の項目からは、主要簿と、よく使われる補助簿のつくり方を紹介していきましょう。

補助簿って何?

補助簿

取引の細かい内容を記録し、主要簿を助ける帳簿

7つの補助記入帳
- 現金出納帳
- 当座預金出納帳
- 小口現金出納帳
- 受取手形記入帳
- 支払手形記入帳
- 仕入帳
- 売上帳

3つの補助元帳
- 売掛金元帳
- 買掛金元帳
- 商品有高帳

補助簿はやりとりの
詳細部分を記録する!

「仕訳帳」のつくり方
日付ごとに取引を記録する

●原則として借方を先に記入する

「仕訳帳」は日付ごと、発生順に取引を記録する主要簿です。以下の例を実際に仕訳帳に記入してみましょう。右ページの図も参考にしてください。

〈例1〉8月1日にXメーカーより商品2万円を仕入れ、現金で支払った。

〈例2〉8月5日にY店へ商品5,000円を売り上げ、3,000円は現金で受け取り、残りは掛けとした。

Ⓐ **日付欄**……ここには日付を入れます

Ⓑ **摘要欄**……カッコをつけて勘定科目を記入します。このとき、借方の科目は左寄せ、貸方の科目は右寄せで記入します。

原則として、借方を先に記入しますが、借方に勘定科目が複数ある場合には、貸方から記入します。

勘定科目が複数ある場合には、一番上に「諸口」と記入します（カッコはつけません）。

最後に取引の概要を記入しておきます。

1つの取引が終わったら、赤で**区画線**を引きます。

Ⓒ **元丁欄**……総勘定元帳に転記した際、総勘定元帳のページ数を記入します。「元」は総勘定元帳を指します。

Ⓓ **借方・貸方欄**……それぞれに金額を記入します（円などの単位はつけません）。

仕訳帳のつくり方は？

平成○年		摘　　　　要	元丁	借　方	貸　方
Ⓐ		Ⓑ	Ⓒ	Ⓓ	
8	1	（仕入）		20,000	
		（現金）			20,000
		Xメーカーより仕入			
	5	諸口　　　　（売上）			5,000
		（現金）		3,000	
		（売掛金）		2,000	
		Y店へ売上			

仕訳帳づくりのポイント

Ⓐ 日付をベースにした帳簿なので、日付を必ず記入する。

Ⓑ 摘要欄では借方、貸方に入るものを左右に分けて記入する。
　・基本的に借方（左）から先に記入。借方が複数ある場合は貸方（右）から記入する。
　・借方か貸方に記入する勘定科目が複数ある場合、一番上に諸口と記入し摘要が2つ以上あることを示す。

Ⓒ 元丁欄は総勘定元帳へ転記した際のページを記入しておく。

Ⓓ 借方、貸方は釣り合う。

「仕訳帳」は日付ごと、発生順に取引を記録する！

「総勘定元帳」のつくり方

勘定科目ごとに転記していく

●摘要欄には相手側の勘定科目を入れる

「総勘定元帳」は、決算書をつくるうえで最も重要な帳簿で、完全に**「勘定」に特化した帳簿**です。

仕訳帳から総勘定元帳へ転記してみましょう。

Ⓐ **日付欄**……それぞれ取引の行われた日付を記入します。

Ⓑ **摘要欄**……取引が行われた際の反対側の勘定科目が入ります。つまり、8月1日に現金で商品を仕入れた場合、現金勘定の借方に相手方勘定である「仕入」が記入されるわけです。

Ⓒ **仕丁欄**……仕訳帳のページ数を記入します。

Ⓓ **借方欄**……実際の金額が入ります。

Ⓔ **貸方欄**……実際の金額が入ります。

摘要欄にはそれぞれ相手側の勘定科目を入れるので、仕訳帳から総勘定元帳への記入は注意しなくてはなりません。

たとえば、8月1日の現金の仕訳は、費用として発生した借方（左）「仕入20,000」に対する資産の減少で、貸方（右）「現金20,000」となっています。これを転記する場合、摘要欄には相手の勘定科目が入ります。

つまり、仕訳帳時、仕入は借方（左）でしたが、総勘定元帳の現金勘定を記入する場合には、その現金を中心に考えるため相手科目である「仕入」を現金に替えて摘要欄に入れることになるのです。

「総勘定元帳」のつくり方は？

平成○年		摘要	元丁	借方	貸方
8	1	(仕入)		20,000	
		(現金)			20,000
		Xメーカーより仕入			
	5	諸口　　　　　(売上)			5,000
		(現金)		3,000	
		(売掛金)		2,000	
		Y店へ売上			仕訳帳

現金 Ⓐ　　Ⓑ　　Ⓒ　　Ⓓ　　Ⓐ　　Ⓑ　　Ⓒ　　Ⓔ

平成○年		摘要	仕丁	借方	平成○年		摘要	仕丁	貸方
8	5	売上		3,000	8	1	仕入		20,000

仕入

平成○年		摘要	仕丁	借方	平成○年		摘要	仕丁	貸方
8	1	現金		20,000					

売上

平成○年		摘要	仕丁	借方	平成○年		摘要	仕丁	貸方
					8	5	現金		3,000
					8	5	売掛金		2,000

売掛金

平成○年		摘要	仕丁	借方	平成○年		摘要	仕丁	貸方
8	5	売上		2,000					

仕訳帳から総勘定元帳へ転記する！

「現金出納帳」のつくり方

お金の出入りや残高などを把握する

●**次月繰越に注意する**

「補助簿」にはいくつか種類がありますが、まずは「現金出納帳」の記入方法を説明しましょう。

現金出納帳は、現金取引について記録する帳簿で、**お金の出入りや残高などが把握できます。**

Ⓐ **日付欄**……お金の出入りがあった日付を記入します。

Ⓑ **摘要欄**……取引の具体的な内容を入れます。

Ⓒ **収入・支出欄**……現金が入ってきたら収入欄、支払をしたら支出欄にそのまま記入します。

Ⓓ **残高記入欄**……残高を記入します。

現金出納帳の作成時に注意しなくてはならないのは、以下の点です。

①月末には次月繰越として、支出欄に残高を赤字で記入しておきます。たとえば、その月に残高が20万円あったとしたら、次月繰越20万円としておくのです。

②次月繰越の部分を記入したら、収入、支出欄の下に合計線を引いておきます。

③合計線の下に収入、支出の合計金額を記入します。残高の20万円を支出欄に記入しているので合計金額は必ず一致します。

④日付、収入、支出、残高の欄に赤で締切線を引きます。

⑤月初には、前月の繰越分(今回ならば20万円)を収入欄に記入します。

「現金出納帳」のつくり方は？

Ⓐ 平成○年		Ⓑ 摘　　要	Ⓒ 収　入	支　出	Ⓓ 残　高
7	31	次月繰越 ①		200,000	
②			○○○	○○○ ③	
⑤ 8	1	前月繰越	200,000		200,000
		Xメーカーより仕入		20,000	180,000
	5	Y店への売上	3,000		183,000
	12	W店への売上	50,000		233,000
	17	Xメーカーへの掛代金の支払い		30,000	203,000
	23	Y店への掛代金の回収	2,000		205,000
	27	Z店より仕入		40,000	165,000
	31	次月繰越		165,000	
		④	255,000	255,000	
9	1	前月繰越	165,000		165,000

現金出納帳づくりのポイント

① 月末の次月繰越の欄は赤で記入する。
② その月の最後の取引を記録したら、残高を次月へ計上するため支出欄へ記入する。
③ 月末に次月繰越を記入したあと、収入・支出が釣り合うかチェックする。
④ そしてその欄に赤で締切線を引く。
⑤ 次の月の初めには、必ず収入欄に前月繰越を記入する。

月初には、前月の繰越分を収入欄に記入する！

第4章　仕訳したものを帳簿に転記する

「売上帳」のつくり方

営業活動そのものの記録

●取引先、商品名、数量など詳細を記録する

「売上帳」は多くの会社でつくられ、有効な補助簿として活用されています。

売上帳は読んで字のごとく、売上を記録したものです。**営業活動そのものの記録**なので、とても重要な帳簿の1つです。

もちろん、仕訳帳にも売上については記録してありますが、売上帳では、取引先、商品名、売上数量、単価、決済方法といった詳細を記録します。

Ⓐ **日付欄**……それぞれの日付を記入します。

Ⓑ **摘要欄**……取引先、商品名と数量、単価、売上とは反対の勘定科目を記入します。

Ⓒ **内訳欄**……商品が複数ある場合にはそれぞれの売上金額を記入します。

Ⓓ **金額欄**……取引相手ごとの合計金額を記入します。

なお、返品に関する記載はすべて赤字で行います。

また、月末には、総売上高、返品高、純売上高を計算して、記入します。

最後に、日付と金額欄に締切線を引き、その月の終わりをあらわします。

売上帳のつくり方は?

Ⓐ		Ⓑ	Ⓒ	Ⓓ
平成○年		摘　　　要	内訳	金額
8	5	Y店缶詰A30個@100　現金	3,000	
		缶詰B20個@100　掛	2,000	5,000
	12	W店缶詰A500個@100　現金		50,000
	16	Wレトルトパック500個@300　掛		150,000
	20	X商店缶詰A10個@100		1,000
	24	V店缶詰C100個@200　掛		20,000
		総売上高		225,000
		売上値引・返品高		1,000
		純売上高		224,000

売上帳づくりのポイント

・同じ日に売上が複数の摘要である場合、内訳欄で別に記入し、金額欄でその日の合計を記入する。
・@(アットマーク)は単価の記入をあらわす。
・返品に関する記載はすべて「赤字」で記入する。
・摘要欄に, 取引先、商品名、売上数量、単価、決済方法が記載されていなくてはならない。
・月末には総売上高から売上値引・返品高を引き、最終的に、純売上高を計算する。

月末には、総売上高、返品高、純売上高を計算して記入!

第4章　仕訳したものを帳簿に転記する

第 5 章

決算が近づいた
ときの作業

決算シーズンに行う経理の仕事は？

帳簿に記入するときにも、やっぱり仕訳を理解しておくことが大事なんですね。

そうよ。仕訳あっての帳簿記入だからね。

実際、補助簿はいくつあるんですか？

極端なことを言ってしまうと、勘定科目の数だけあるともいえるわね。でも補助簿の役割は総勘定元帳に記入されない細かな内容を補ったり、仕訳帳から総勘定元帳への転記にミスをなくすために、会社が必要に応じてつくるものなの。だから、必要になってくる補助簿はかぎられてくるわね。

補助簿といえば、現金出納帳と売上帳ですよね？

ほかにも、少額の現金の出入りを記録した小口現金出納帳や、現金記録のミスの心配が減る当座預金出納帳とか、いろいろあるわよ。

それらを総勘定元帳にスムーズに記録するために、必要に応じてつくっていけばいいということですね。

そういうこと。

それで、この先は何をするんですか？

🐱 毎日の作業として、主要簿、補助簿への転記を行って、会社の決算が近づいてくると、本格的に決算準備を始めなくてはいけないの。

🐶 そうか、ついに最後のステップですね。いやあ、長かったなあ……。

🐱 振り返るのは、まだちょっと早いわよ。決算書をつくる前に試算表をつくって、決算整理もしなきゃならないのよ。

🐶 試算表？ 決算整理はなんとなくわかるけど……。

🐱 心配しないで。試算表はいままで記録してきた仕訳が間違っていないか確かめるだけだから。あと決算整理もなんとなくじゃなくて、ちゃんとわかるように説明するわね。もう少しだから、"気合い"でがんばってよ。

決算シーズンに行う作業

「試算表」をつくって「決算整理」を行う

●帳簿にまとめたことを表に変換する

ここまでで、「取引」→「仕訳」→「帳簿（仕訳帳・総勘定元帳）への転記」を勉強してきました。これらは経理が行う日常の作業の流れです。

次に、**決算日に近づいてから行う作業の流れ**について説明しましょう。ここから、実際に決算書をつくるための本格的な準備がスタートします。

①試算表でいままでの仕訳を検算する

まず、「**試算表**」をつくります。

「まだこれから表をつくるのか……」と心配している人もいるかもしれませんが、心配はいりません。

新しいことを始めるのではなく、総勘定元帳を少し整理して再確認するだけです。ここまでにいろんな勘定科目を学んで、さまざまなパターンの仕訳を経験してきましたが、これからはバラバラのやりとりをよりシンプルにしていく作業です。試算表という名前から、複雑でたいへんなものをつくるようなイメージをもっているかもしれませんが、そんなことは決してないのです。

②決算に向けて整理をする

試算表ができあがったら、次は「**決算整理**」を行います。

会社としていろいろな取引をしていると、決算期に整理しなければならないものもいくつか出てきます。それをきれいに整

決算シーズンの作業は？

試算表をつくる

これまでの記帳が正しいかどうか、総勘定元帳をもとに作成する

決算整理をする

決算整理一覧表（棚卸表）をつくる
精算表をつくる

決算書をつくる

貸借対照表をつくる
損益計算書をつくる

今までの仕訳の検算から始める！

理したうえで、決算書をつくり始めるわけです。

この決算整理の結果を一覧にしたものを「**決算整理一覧表(棚卸表)**」といいます。さらに、試算表と決算整理一覧表（棚卸表）をまとめて1つにしたものが「**精算表**」です。

ここまで終わると、いよいよ貸借対照表、損益計算書、つまりは決算書にとりかかります。要するに、

「**試算表**」→「**決算整理（棚卸表・精算表）**」→「**決算書**」

という流れになっているのです。

しかし、決算シーズンに入ったからといって、簿記の基本ルールが変わるわけではありません。

すべてのベースは、5つのグループ（資産・負債・純資産・収益・費用）と8つのパターンで仕訳をすることです。そして、それぞれの書面の書き方に沿って、丁寧に記入していけばそれでOKなのです。

いまでは、パソコンソフトで各種表や決算書をつくることができますが、それぞれの表や書類がどのような仕組みで成り立っているのかを理解することが重要です。

この章では、まず試算表のつくり方を解説します。その後に、決算整理とそれに関連して、棚卸表、精算表のつくり方を学びます。

③貸借対照表と損益計算書をつくるために

どの項目も、決してむずかしいものではありません。

決算書という最終ゴールに向かう過程で、いまどの位置にいるのか、そしてその作業は何のためにやっているのかを意識しながら学んでいけば、生きた知識が身につきます。

具体的に何をするの?

● **試算表づくり** ……総勘定元帳の検算!

間違っていなければ必ず借方、貸方は一致する

● **決算整理** ……来期への修正をするためのもの

| 減価償却費の計上 | 商品勘定の整理 | 貸倒引当金の設定 |

| 収益と費用の整理 | 売買目的の有価証券評価益(損)の計上 |

など

● **決算整理一覧表(棚卸表)づくり** ……決算整理のまとめ

決算整理で扱ったものを表としてまとめる

● **精算表づくり** ……決算書へ進むための最後の表づくり!

残高試算表、決算整理(整理記入)、貸借対照表、損益計算書を1つの表にしたもの

それぞれの表や書類がどんな仕組みで成り立っているのかを理解しよう!

「試算表」をつくる
これまでの記録から決算書をつくるための下準備

●試算表で総勘定元帳の再確認をする

簡単にいえば、「試算表」とは、**勘定科目ごとの最終的な金額を一覧にしたもの**です。

「勘定科目ごとの表なら、総勘定元帳でいいんじゃない？」と思った人がいるでしょう。そうです、総勘定元帳でいいはずです。総勘定元帳には各勘定科目も最終的な金額が記入されているはずです。

たとえば、銀行から現金100万円を借りた場合は、借方（左）「現金1,000,000」、貸方（右）「借入金1,000,000」と仕訳帳に記入されたはずですね。つまり、借方（左）、貸方（右）の金額は一致しているはずです。

このようなやりとりが積み重なって、勘定科目ごとに総勘定元帳ができあがっているわけですから、総勘定元帳の最終的な金額をすべて並べてみたら、借方（左）と貸方（右）の金額はピタリと一致するはずです。

その確認をするために試算表はあるのです。要するに、総勘定元帳が正しいかどうかを再確認するための表なのです。

●3つの試算表で確認する

試算表には「**合計試算表**」「**残高試算表**」「**合計残高試算表**」の3種類があります。

ここではわかりやすいように、5つのグループの代表の勘定

科目として、現金、買掛金、資本金、仕入、売上の5つの最終的な金額が下記のとおりだったとしましょう。

合計試算表

借方	勘定科目	貸方
3,000,000	現金	1,100,000
700,000	買掛金	900,000
	資本金	1,000,000
500,000	仕入	
	売上	1,200,000
4,200,000	合計	4,200,000

じつは、この形式が合計試算表なのです。これをそのまま各勘定科目の残高だけ（残高試算表）を示したら、下記のようになりますね。

残高試算表

借方	勘定科目	貸方
1,900,000	現金	
	買掛金	200,000
	資本金	1,000,000
500,000	仕入	
	売上	1,200,000
2,400,000	合計	2,400,000

そして、合計と残高の両方を表にしたものが合計残高試算表となります。

試算表は、とても簡単ですね。何よりも大切なのは、総勘定元帳の数値を並べたら、借方と貸方が一致するということなのです。

第5章　決算が近づいたときの作業

「決算整理」で修正作業を行う

1年に一度は見直しておいたほうがいいもの

●**減価償却費などを見直す**

決算書をつくる前には「決算整理」が必要です。では、何を整理するのか？

決算書とは会社の財産や儲けを示したものです。**会社の財産や儲けを示すうえで、1年に一度は見直しておいたほうがいいものが、決算整理の対象になります。**

じつは、勘定科目について説明したときに、1年に一度は見直しておいたほうがいいものをすでに解説しています。どれだかわかりますか？

答えは、減価償却費です（112ページ）。固定資産の価値は使っているうちに下がるので、1年に一度、その価値を見直さなくてはならないのです。そうしなければ、会社の財産を正確に示すことはできません。

減価償却以外にも1年に一度見直しておくべき項目があります。以下のとおりです。

・**商品勘定の整理**
・**収益と費用の整理**
・**貸倒引当金の設定**
・**売買目的の有価証券評価益（損）の計上**

それぞれについて、説明していきましょう。

決算整理は何のために？

決算に向けて、それぞれのお金のグループ
（資産・負債・純資本・収益・費用）が正しい残高になるように
修正し、当期（今年）の貸借・損益を正確に出すために行う

おもな決算整理

減価償却費の計上	商品勘定の整理
収益と費用の整理	貸倒引当金の設定
売買目的の有価証券評価益（損）の計上	

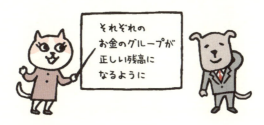

それぞれの
お金のグループが
正しい残高に
なるように

決算整理の対象となるのは、1年に一度
見直しておいたほうがいいもの！

第5章　決算が近づいたときの作業

「商品勘定」を整理する

●売上原価を計算する

「商品勘定」の整理は、損益勘定で売上に対応する売上原価を確定させるもので、その結果当期の利益額をはっきりさせることができます。そのために必要なことが3つあります。

①売上と仕入の確定をする
②繰越商品の振替えを行う
③売上原価（仕入にかかったお金）を計算する

これら3つは、すべて売上原価を計算するためのものです。なぜなら「損益勘定で売上によって生じた利益をはっきりさせる」計算式は、**売上高－売上原価＝売上総利益**だからです。

売上高は売上帳でわかりますが、売上原価は期首商品（前の年の商品）と仕入高と期末商品（今年売れ残った商品）でわかります。

決算整理で一番初めに行い、かつ最も重要なことは①の「売上」と「仕入」をはっきりさせて、売上原価を確定することです。これがなされないと、売上高や仕入高が曖昧なままになり、売上原価が確定せず、売上総利益（売上額から売上原価を引いたもの）も確定できません。

そのために必要なことは、売上の確定は「出荷時」、仕入の確定は「受取確認時」という認識で、売上と仕入を確定すること。

もし、伝票に書いたから売り上げた、仕入をしたと考えると、商品が発送できていないのに売上となっていたり、商品が届かないのに仕入として勘定に入っていたりというケースが発生します。そうしたことにならないために、売上と仕入の確定を行

います。こうして、はじめて売上原価が算出できます。

●繰越商品の振替えを行う

しかし、これだけでは正確な売上原価とはいえません。会社では、その年に仕入れたものをすべて売り切ってしまうことはありません。どうしてもいくらかは売れ残るものですし、また前年に仕入れた残りが今年の仕入れとして計算されています。

つまり、今期の正確な仕入を確定する作業が必要なのです。

前の年の商品（期首商品）を繰越商品勘定から仕入勘定に振り替えて、今年の売れ残った商品（期末商品といいます）を仕入勘定から繰越商品へと振り替えます。

たとえば、期首商品が50万円分（100円の缶詰を5,000個）ある状態で経営をスタートし、1年後に商品が最終的に10万円分（つまり1,000個）売れ残ってしまったとします。

期首商品は繰越商品50万円と勘定されているので、仕入50万円と振り替えます。借方（左）「仕入500,000」、貸方（右）「繰越商品500,000」です。

そして、売れ残った商品（つまり期末商品）は残っている仕入勘定10万円を繰越商品として来期のために振り替えます。借方（左）「繰越商品（資産グループ）100,000」、貸方（右）「仕入100,000」となります。

こうして、「今期扱っていた仕入勘定」と「前の年から繰り越されていた仕入高」から「今期扱わなかった仕入高」を引くことで、売上原価が算出されます。

これで売上原価が確定しました。あとは売上高から売上原価を差し引けば、売上総利益を出すことができます。

「収益」と「費用」を整理する

●「前受家賃」や「未払家賃」など

　収益や費用は、資産や負債、純資産と違って、先に受け取ったり、払っていたりする場合が多くあります。「前受家賃」「前払家賃」などです。

　また、今期に発生した収益や費用でもまだ受け取っていない、まだ支払っていない場合があります。「未収家賃」「未払家賃」などです。

　これらは、その年だけの収益・費用ではなく、次の年以降の収益・費用が計算されているということです。損益計算書は「今期」の利益をあらわすものなので、前者は次の年分も受け取ったり、払ったりしているものは**収益・費用の繰延べ**として来期へ計上しなくてはなりません。

　同じように、後者はその年に発生した収益・費用でまだ受け取っていない、まだ支払っていないものを今期の収益・費用に加えます（これを「**収益・費用の見越し**」といいます）。

●費用を繰り延べる

　たとえば、家賃1年分として12万円をすでに支払ったとしましょう。

　借方（左）「支払家賃120,000」、貸方（右）「現金120,000」となっているはずです。

　ところが、決算日は3月末なので、その年の12月分まで払っています。つまり、4～12月の9カ月分（9万円）は来期の費用です。そこで、今期の決算では9万円分の費用の取消し（貸

方）をしなければなりません。

　貸方（右）で費用の取消しを行うとき、大家さんから家賃を返してもらえれば、現金という資産の増加を借方（左）で処理することができますが、そうはいきません。

　そこで、前払家賃として計上することで、資産の増加を処理することになります。

　つまり、借方（左）「前払家賃90,000」、貸方（右）「支払家賃90,000」という仕訳を行うことになります。

●収益を見越して計上する

　その年の発生した収益で、決算整理を行う段階で受け取っていない収益は、次の年に受け取るものとして修正を行います。

　こちらが家賃収入を得ているものと考えてみましょう。

　決算日は3月末日、家賃は3カ月ごとに3カ月分（30万円）の家賃を払ってもらう契約になっているとします。

　1月、4月、7月、10月と払ってもらっていますが、3月の決算時に、1月の受取り分である30万円をまだ受け取っていないという場合、次期に受け取る収益を見越して、今期の収益に計上します。

　ここでは、「未収家賃」という勘定科目を使い、資産の増加として処理をすることになります。

　つまり、借方（左）「未収家賃300,000」、貸方（右）「受取家賃300,000」という仕訳を行うことになります。

　収益・費用の繰延べ、見越しの決算整理で使用されるものは、家賃以外にも、「利息」「保険料」などがあります。

「貸倒引当金」を設定する

●もしも取引先が倒産したら

　企業が掛けで商品を販売すると売掛金が生まれます。また、受取手形をもつと、それだけ資産が増えます。ところが、相手先企業が倒産してしまったら、それらのお金を回収できなくなります。このような状態を「貸倒（かしだおれ）」といいます。

「売掛金が10億円あるから資産はたくさんあるぞ」と喜んでいるのはとても危険で、つねに**「取引先が倒産すれば、売掛金が回収できなくなる」**と考えておく必要があります。

　たとえば、W社の10万円の売掛金が回収できそうもないと判断した場合は、あらかじめ費用として計上しておきます。ただし、まだ発生していない費用のため、「貸倒引当金」として貸倒の見積もりを出しておきます（これから発生しそうな費用のことを「引当金」といいます）。

　この場合は、費用グループで「貸倒引当金繰入」という勘定科目を使います。費用の発生なので、借方（左）での処理をします。貸方（右）では、「貸倒引当金」という資産グループの勘定科目を用いて、資産の減少処理をします。

　上記の例では、借方（左）「貸倒引当金繰入100,000」、貸方（右）「貸倒引当金100,000」と記録します。

　貸倒引当金として見積もり設定する方法には、**「洗替法」**と**「差額補充法」**があります。洗替法は、前期に設定した貸倒引当金をゼロにし、新たに総額を設定する方法。差額補充法は、前期に設定した貸倒引当金と今期の見積もりを比べ、その差額の増減で設定します。どちらの方法でも損益への影響は同じです。

「有価証券評価益(損)」を再評価する

●帳簿価格を現在の価値に置き換える

　株式などの有価証券は、会社の資産として計上されますが、原則として購入時の価値が帳簿に記録されています。

　売買を目的とした有価証券の期末における評価方式に、期末の時価で評価する方法があります。**「時価法」**といいます。

　まず、30万円の有価証券を購入したのなら、借方(左)「有価証券300,000」、貸方(右)「現金300,000」と帳簿に記録しますが、有価証券の価値は市場において日々変動するので、年に一度、決算期末における時価で再評価します。

　そこで、帳簿価格30万円の有価証券を現在の価値に置き換えるという処理が必要になります。

　たとえば、帳簿価格30万円のK社株式が35万円になっていれば、5万円の「有価証券評価益」が発生しています。有価証券という資産が増加し、収益が発生しているということです。

　これを帳簿に記入するときは、借方(左)「有価証券50,000」、貸方(右)「有価証券評価益50,000」となります。

　では反対に、帳簿価格30万円の有価証券が25万円に下がっていたらどうでしょうか？　ここまでの話を理解していれば、簡単に処理できますね。

　有価証券という資産が5万円減り、有価証券評価損という費用が発生していると考えれば、記入は簡単です。

　借方(左)「有価証券評価損50,000」、貸方(右)「有価証券50,000」となります。

「決算整理一覧表（棚卸表）」のつくり方

決算整理で扱った項目を表にまとめる

●繰越商品や貸倒引当金などを表にする

ここまで決算整理について話をしてきました。売れ残った商品や貸倒引当金など、決算を前にして見直しておかなければならない項目を１つひとつ確認してきました。

次は、この**決算整理で扱った項目をきれいにならべて、１つの表にまとめます。**

ズバリ、その表が「決算整理一覧表」です。「棚卸表」といったほうがわかりやすいかもしれません。

以下の内容で説明していきましょう。右ページの表も参照してください。

・繰越商品……10万円（100円の缶詰が1,000個）
・前払家賃……9万円（家賃9ヵ月分）
・貸倒引当金繰入……10万円（W社の売掛金10万円）
・有価証券評価益……5万円（K社株式の評価替え）

この内容を決算整理一覧表（棚卸表）にまとめてみましょう。

Ⓐ 一番左の欄には勘定科目が入ります。

Ⓑ 摘要欄には、具体的な内容、その金額の根拠などを記入します。

Ⓒ 内訳欄には、金額の内訳を記入します。

Ⓓ 金額欄にはその科目の合計金額を記入します。

これで「決算整理一覧表（棚卸表）」は完成です。

決算整理一覧表(棚卸表)とは?

〈つくり方例〉

繰越商品 ……10万円(100円の缶詰1000個)

前払家賃 ……9万円(家賃9カ月分)

貸倒引当金繰入 ……10万円(W社の売掛金10万円)

有価証券評価益 ……5万円(K社株式の評価替え)

Ⓐ 勘定科目	Ⓑ 摘　　　要	Ⓒ 内訳	Ⓓ 金額
繰越商品	缶詰1,000個　@100		100,000
前払家賃	9カ月分		90,000
貸倒引当金繰入	W社の売掛金		100,000
有価証券評価益	K社株式の評価		50,000
			340,000

決算整理で扱った項目を1つの表にまとめる!

「精算表」のつくり方
決算書づくりの最終準備

● 決算書の一歩手前にある表

最終ゴールである決算書（貸借対照表、損益計算書）に到達する一歩前にあるのが「精算表」です。

精算表は、これまで処理をしてきたすべてを一覧にしたもので、貸借対照表と損益計算書はこの精算表の一部を切り取ってつくるものです。それほど精算表は重要なものです。

とはいえ、構える必要はありません。これまでに処理してきたものをきれいに並べるだけです。

● 4つの記入欄を埋めていく

精算表は、基本的に8つの記入欄に分かれています。下記の4項目それぞれに借方・貸方の欄があります。

・**残高試算表**
・**整理記入（決算整理）**
・**損益計算書**
・**貸借対照表**

それでは例に従って、それぞれの欄に記入していきましょう。

精算表って何？

勘定科目	残高試算表		整理記入		損益計算書		貸借対照表	
	借方	貸方	借方	貸方	借方	貸方	借方	貸方
現金								
売掛金								
有価証券								
繰越商品								
買掛金								
貸倒引当金								
資本金								
売上								
仕入								
給料								
支払家賃								
貸倒引当金繰入								
有価証券評価益								
前払家賃								
当期純利益								

精算表づくりは決算書作成の一歩手前の作業！

①残高試算表欄に記入する

残高試算表の項目（決算整理前）が、以下のとおりだとします。

・現金の残高が158万円　・売掛金の残高が20万円
・買掛金の残高が40万円　・有価証券が30万円
・資本金が100万円　・売上が150万円
・仕入が50万円　・給料が20万円
・支払家賃が12万円

残高試算表では、グループによって、借方へ入るのか、貸方に入るのかが決まっています。

借方へ入るもの……資産、費用
貸方へ入るもの……負債、純資産、収益

これは、資産の増加、費用の発生は借方（左）、負債の増加、純資産の増加、収益の発生は貸方（右）という考え方と同じです。

実際の項目を振り分けてみましょう。
・現金、売掛金、有価証券は資産グループなので、借方へ。
・買掛金は負債グループなので、貸方へ。
・資本金は純資産グループなので、貸方へ。
・売上は収益グループなので、貸方へ。
・仕入、給料、支払家賃は費用グループなので、借方へ。

このパターンで振り分けていくと、残高試算表において、借方、貸方の合計金額が290万円で一致していることがわかります。

残高試算表ってどんなもの?

	残高試算表	
勘定科目	借方	貸方
現金	1,580,000	
売掛金	200,000	
有価証券	300,000	
繰越商品		
買掛金		400,000
貸倒引当金		
資本金		1,000,000
売上		1,500,000
仕入	500,000	
給料	200,000	
支払家賃	120,000	
	2,900,000	2,900,000

資産・費用は借方、
負債・純資産・収益は貸方に記入する!

第5章 決算が近づいたときの作業

②整理記入欄に記入する

　整理記入（決算整理）の項目は以下のとおりです。
・有価証券評価益が5万円。
・10万円の仕入を取り消して、繰越商品へ。
・貸倒引当金繰入が10万円。
・支払家賃から、9万円を前払家賃へ。

　有価証券評価益が5万円出ています。借方（左）「有価証券50,000」、貸方（右）「有価証券評価益50,000」です。それをそのまま整理記入の欄に入れればいいわけです。

　10万円の仕入を取り消して、繰越商品にするというケースの仕訳は、借方（左）「繰越商品100,000」、貸方（右）「仕入100,000」です。

　10万円の貸倒引当金繰入というのは、「貸倒引当金」という資産が10万円減少したとし、「貸倒引当金繰入」という費用が10万円発生すると考えます。

　つまり、借方（左）「貸倒引当金繰入100,000」、貸方（右）「貸倒引当金100,000」となります。

　最後の支払家賃から9万円を前払家賃へ動かすのは、支払家賃から9万円分費用の取消しを行います（貸方）。

　そして、前払家賃という資産が増加します。借方（左）「前払家賃90,000」、貸方（右）「支払家賃90,000」となります。

　ここまで記入すれば、整理記入における借方と貸方の合計が34万円で一致しているのがわかりますね。

整理記入って何？

勘定科目	整理記入	
	借方	貸方
現金		
売掛金		
有価証券	50,000	
繰越商品	100,000	
買掛金		
貸倒引当金		100,000
資本金		
売上		
仕入		100,000
給料		
支払家賃		90,000
貸倒引当金繰入	100,000	
有価証券評価益		50,000
前払家賃	90,000	
	340,000	340,000

整理記入における借方と貸方の合計は一致する！

第5章 決算が近づいたときの作業

③損益計算書欄に記入する

　精算表（153ページ）の右半分は、まるで決算書のように損益計算書と貸借対照表になっています。つまり、**精算表が完成すれば、決算書は目の前なのです。**

　ここで、本書の最初のほうで説明した、損益計算書の仕組みを思い出してください。損益計算書は、「費用＋利益＝収益」という形でできています。つまり、借方（費用＋利益）＝貸方（収益）という形が成り立っているはずなのです。

　現段階で精算表（残高試算表と整理記入）のところに、費用と収益の金額が入っています。まずは、それらを損益計算書の欄にもってくればいいわけです。

・売上150万円を貸方（右）へ。
・仕入は50万円ですが、整理記入（決算整理）で10万円の取消を行っているので、40万円を借方（左）へ。
・給料20万円を借方（左）へ。
・支払家賃は12万円ですが、整理記入（決算整理）で9万円分を前払家賃へ移動しているので、3万円を借方（左）へ。
・貸倒引当金繰入10万円も費用グループなので、借方（左）へ。
・有価証券評価益5万円を貸方（右）へ。

　これらの内容を計算してみると、費用の合計は73万円、収益の合計は155万円です。すると、差額の82万円が当期純利益となります。そこで、当期純利益を借方（左）へ記入すれば、損益計算書の借方、貸方の合計は155万円で一致します。

損益計算書欄とは？

勘定科目	残高試算表 借方	残高試算表 貸方	整理記入 借方	整理記入 貸方	損益計算書 借方	損益計算書 貸方
売上		1,500,000				1,500,000
仕入	500,000			100,000 マイナス	400,000	
給料	200,000				200,000	
支払家賃	120,000			90,000 マイナス	30,000	
	2,900,000	2,900,000				
貸倒引当金繰入			100,000		100,000	
有価証券評価益				50,000		50,000
当期純利益					820,000	
					1,550,000	1,550,000

借方（費用＋利益）＝貸方（収益）
という形が成り立っている！

④貸借対照表欄に記入する

　貸借対照表が「資産＝負債＋純資産」でできていることも思い出してください。そこがわかれば、もう精算表が完成したも同然です。

・現金158万円、売掛金20万円を借方（左）へ。
・有価証券は30万円でしたが、整理記入（決算整理）により5万円の評価益が出ているので、35万円を借方（左）へ。
・繰越商品は資産グループなので、10万円を借方（左）へ。
・買掛金は負債グループなので、40万円を貸方（右）へ。
・「貸倒引当金繰入」という費用の発生と同時に、「貸倒引当金」という資産の減少が起こっています。つまり、貸倒引当金10万円は貸方（右）へ入ります。
・資本金100万円は貸方（右）へ。

　ここで忘れてはいけないのが、**前払家賃**です。資産グループの勘定科目である前払家賃が増加しているのですから、貸借対照表の借方（左）へ入るのです。

　最後にもう1つ。**当期純利益は利益の蓄積として資産グループになるので、資本の増加に該当します**。つまり、当期純利益82万円は貸方（右）へ記入することになります。

　ここまですべてを記入すると貸借対照表の借方と貸方が232万円で一致しています。これで精算表は完成です。精算表を見ると、簿記のルールが非常にうまくできていることがわかるでしょう。

これで精算表は完成！？

勘定科目	残高試算表 借方	残高試算表 貸方	整理記入 借方	整理記入 貸方	損益計算書 借方	損益計算書 貸方	貸借対照表 借方	貸借対照表 貸方
現金	1,580,000						1,580,000	
売掛金	200,000						200,000	
有価証券	300,000		50,000				350,000	
繰越商品			100,000				100,000	
買掛金		400,000						400,000
貸倒引当金				100,000				100,000
資本金		1,000,000						1,000,000
売上		1,500,000				1,500,000		
仕入	500,000		100,000	100,000	400,000			
給料	200,000				200,000			
支払家賃	120,000			90,000	30,000			
	2,900,000	2,900,000						
貸倒引当金繰入			100,000		100,000			
有価証券評価益				50,000		50,000		
前払家賃			90,000				90,000	
			340,000	340,000				
当期純利益					820,000			820,000
					1,550,000	1,550,000	2,320,000	2,320,000

貸借対照表は「資産＝負債＋純資産」でできている！

第6章

簿記のゴール！
決算書をつくる

ここまでくれば
決算書の作成は簡単

 決算前に試算表や精算表をつくりましたが、ポイントは決算整理ですね。

 そうね、試算表は総勘定元帳の残高をまとめただけだし、精算表は残高試算表と決算整理したものをまとめたものだからね。だから決算整理はとくに注意して行わなくてはいけないの。

 今期購入した消耗品も来期では位置づけが変わるっていうことですよね？

 そうよ。消耗品扱い以外にも、現金の残高を微調整したり、まだ回収していないお金を見越したものを計上したり、やるべきことが多いの。

 それから決算整理一覧表（棚卸表）をつくるということですね。

 そう、そしてここから貸借対照表と損益計算書の作成に入るわよ。

 いやぁ、ついにここまでたどり着いたって感じですね。

 決算の準備に入ってから、ここまでくるのがたいへんね。でも、試算表、決算整理、決算整理一覧表（棚卸表）、精算表までしっかりと頭に入っていれば、決算書の作成は簡

単よ。

精算表でも、貸借対照表と損益計算書って記入しましたからね。

そう、精算表は残高試算表で出た残高に決算整理の修正を反映させた表づくりだったわね。その表をちゃんと外部の人たちに見せられるように、わかりやすくつくり直したものが決算書というわけ。

特別な記入方法とかあるんですか？。

気をつけなきゃいけない点があるだけよ。記入のためのヒントとしては、最初にやった貸借対照表の資産・負債・純資産の関係と損益計算書の収益・費用そして利益という関係をイメージしながら作業すること。

なるほど。

ここまできたら、記入の仕方に気をつけるだけだから、すぐにできるわよ。それじゃあ、最後のまとめをやっていきましょう。

ハイ、がんばります！

貸借対照表をつくる①

資産・負債・純資産をまとめるだけ！

● 精算表さえあれば怖くない

　いよいよ決算書の作成です。まずは、貸借対照表のつくり方を説明していきましょう。

　貸借対照表をつくるといっても、試算表と決算整理、精算表が完了していれば、**その内容をルールに従って書き写していくだけの作業です。**

　この本では決算整理後に精算表を作成しましたが、精算表を作成せずに、「整理後残高試算表」をつくる会社もあります。

　整理後残高試算表のなかでも、資産、負債、純資産など、貸借対照表に必要な項目に絞ったものを「繰越試算表」といいます。

「また、新しい表が登場するのかぁ……」とうんざりした人もいるでしょうが、精算表を学んでしまえば、怖いものなどありません。

　先ほど作成した精算表（153ページ）と繰越試算表（右ページ）を見比べてみてください。繰越試算表は、ほとんど精算表の貸借対照表部分と同じですね。ここでのポイントは、資本金と当期純利益の関係です。

　繰越試算表とは、来期へ繰り越すための表なので、当期純利益は便宜的に振り替えて、資本金勘定に含めて計上します。そこだけ注意しておけば、繰越試算表づくりは簡単です。

繰越試算表とは？

繰越試算表＝
整理後残高試算表の一部（資産・負債・純資産のみ）

借方	勘定科目	貸方
1,580,000	現　金	
200,000	売掛金	
350,000	有価証券	
100,000	繰越商品	
90,000	前払家賃	
	買掛金	400,000
	貸倒引当金	100,000
	資本金	1,820,000
2,320,000		2,320,000

当期純利益が含まれている
　資本金　　　1,000,000
　当期純利益　　820,000

貸借対照表は精算表と整理後残高試算表の
一部（繰越試算表）の
どちらをベースにしてもいい！

貸借対照表をつくる②

精算表を見ながら記入しよう

●左右の金額が合うことを頭に置いて

　何度も説明してきたとおり、貸借対照表は、左側が「資産」、右側が「負債」および「純資産」になっていて、最終的に左右の金額がぴったり合います。そのことを頭に置いて、1つずつ項目をチェックしていきましょう。

①貸借対照表は社外に出すものなので、表の上部に企業名、決算日、金額の単位を入れます。

②資産の欄へ現金158万円を記入します（現金のほかに当座預金がある場合、現金と当座預金の金額を合計して「現金預金」と記載することもあります）。

③売掛金は20万円ですが、貸倒引当金が10万円あります。つまり、20万円のうち10万円は回収できないことを予測しているということなので、ここでは売掛金20万円から、貸倒引当金10万円を差し引く形で記入します。

④有価証券35万円はそのまま記入します。

⑤繰越商品は「商品」と記載します。

⑥前払家賃はそのまま記入します。

⑦買掛金は負債なので、右側にそのまま記入します。

⑧繰越試算表では、資本金と当期純利益を合計で記載していますが、貸借対照表では資本金と当期純利益は別々にしたうえで、1つにくくるような記載方法となります。

⑨左右それぞれの合計金額を入れて、貸借対照表の完成です。

貸借対照表が完成!

貸借対照表
平成○年3月31日

株式会社わんにゃんフード　　　　　　　　　　　　　　　　　　単位:円

資産	金　額	負債および資本	金　額
現金	1,580,000	買掛金	400,000
売掛金　　200,000 貸倒引当金　▲100,000	100,000	資本金	1,000,000
		当期純利益	820,000
有価証券	350,000		
商品	100,000		
前払家賃	90,000		
資産合計	2,220,000	負債・資本合計	2,220,000

合計が合えば完成!

最終的に左右の金額がぴったり合う!

損益計算書をつくる
費用と収益をまとめるだけ

●当期純利益に注意して記入していく

①損益計算書の上部には企業名、会計期間、金額の単位を記入します。損益計算書は1年間にどれだけ儲けが出たのかを示すため、会計期間は重要です。

②仕入は「売上原価」と記入します。

③給料、支払家賃、貸倒引当金繰入はそのまま記入します。

④損益勘定で資本金と記載したものは、当期純利益を赤字で記入します。

⑤売上は「売上高」と記入します。

⑥有価証券評価益はそのまま記入します。

⑦最後に、左右の合計金額を入れて損益計算書の完成です。損益計算書を見ると、その年に会社がどれくらい儲けたのかが一目瞭然です。ところが、「儲けなら、貸借対照表の当期純利益を見ればわかるじゃないか」と言う人がいます。

当期純利益の金額だけを知りたいなら、それで十分ですが、利益がどう発生しているかを知ることが重要なのです。

今回つくった損益計算書では、売上高150万円に対して、当期純利益が82万円出ています。もしこれが、売上高1億5,000万円に対して、当期純利益が82万円だったとしたら、「そんな会社で大丈夫だろうか？」と思うでしょう。単純な合計金額だけでは、本当の会社の姿は見えません。貸借対照表と損益計算書の両方が揃ってこそ、会社の本当の姿がわかるのです。

損益計算書が完成！

損益計算書

平成○年4月1日から平成○年3月31日まで

株式会社わんにゃんフード　　　　　　　　　　　　　単位：円

費用	金　額	収益	金　額
売上原価	400,000	売上高	1,500,000
給料	200,000	有価証券評価益	50,000
支払家賃	30,000		
貸倒引当金繰入	100,000		
当期純利益	820,000		
費用合計	1,550,000	収益合計	1,550,000

赤字で利益を示す　　　合計が合えば完成！

その年に会社がどれくらい儲けたのかが一目瞭然！

第6章　簿記のゴール！決算書をつくる

ついに決算書が完成しました！

 やりました！　猫山先輩、ついに決算書が完成しました！

 犬田くん本当によくがんばったわね。お疲れさま。

 いやあ、簿記のボの字も知らなかった僕が決算書をつくれたなんて、感激です。

 決算書までつくれるようになれば、立派なものよ。

 これで僕も経理のスペシャリストですね。

 それは、ちょっと言いすぎよ。

 いや、だって、簿記のゴールである決算書がつくれたんですよ。もうスペシャリストでしょう？

 たしかに、決算書がつくれたことは褒めてあげるけど、今回説明した内容は本当に基礎なの。

 これで基礎ですか……。

 脅すわけじゃないけど、今回教えたことが簿記のすべてではないことは事実よ。

 じゃあ、あと何をすれば一人前になれるんですか？

 なんといっても簿記の基本は仕訳。そこができれば、あと

はむずかしいことはないわ。

じゃあ、いろんな取引の仕訳を徹底的に練習すればいいってことですね。

まさにそうよ！ 犬田くんには基礎の力はついたんだから。

猫山先輩に厳しくしごかれましたからね。

いろんなパターンの仕訳を経験することで、簿記のスキルは確実にアップするし、君に圧倒的に足りないものは経験だから、数をこなしていくしかないのよ。

うーん、わかりました。

基礎をしっかり学んだんだから、新しい勘定科目を徐々に勉強していって複雑な取引を扱うようになれば、スピーディに仕訳ができるようになるはずよ。

そう言われると燃えてきますね。

やる気が出てきたのはいいことね。今回は私が教えたことは簿記の入門編だから、こんなレベルで満足するんじゃなく、もっと高いレベルをめざしてね。

わかりました。もっと簿記の勉強に取り組んで、取引を見た瞬間、身体が勝手に仕訳ちゃうくらいの本当のスペシャリストをめざします！

付録

簿記の基礎用語

勘定科目一覧

簿記に役立つ「電卓術」

●簿記の基礎用語

貸借対照表	会社の資産、負債、純資産を示したもの。バランス・シートともいわれる
損益計算書	収益、費用などが示され、会社の営業成績がわかるようになっている
勘定科目	各取引を帳簿に記録するために定められた記録項目
仕訳帳	すべての取引を日付順にまとめた帳簿。主要簿の1つ
総勘定元帳	すべての取引を勘定科目別に1冊にまとめた帳簿。主要簿の1つ
試算表	総勘定元帳の合計や残高を一覧にした表
現金出納帳	現金取引の詳細を記録する帳簿
当座預金出納帳	小切手の振出し、当座預金への入金など、当座取引を記録した帳簿
期首資本	その期の最初にある純資産額
当期純利益	その期に発生した純粋な利益
期末資本	その期の最後にある純資産額(期首資本+当期純利益)

●勘定科目一覧

資産	売掛金	売上代金をツケで販売したときに使う
	有価証券	一時的に所有する有価証券を処理する科目 [例] 株式、社債、地方債、国債
	受取手形	売上代金として受け取った手形 [例] 約束手形、為替手形
	商品	仕入先から仕入れたもので、決算時に残っている商品 [例] 仕入商品、試供品、見本品
	製品	自社で製造した製品で、決算時に残っているもの [例] 完成済製品、製造副産物
	原材料	決算時に在庫として残っている製品で仕入時の材料 [例] 原料、材料、工場消耗品、燃料、部品
	仮払金	使用用途や金額などが不明の支出 [例] 仮払交通費、仮払交際費、出張仮払金
	不渡手形	決済日になっても支払われない手形 [例] 受取手形不渡
	他店商品券	他店が発行している商品券を受け取った場合に使う
	土地	会社が所有する土地 [例] 店舗、社宅、駐車場
	長期貸付金	貸付金のなかで、決算日の翌日から1年以内に返済されないもの
	出資金	株式会社を除いた合名会社、合資会社、合同会社、有限会社、共同組合などへの出資 [例] 協同組合出資金、財団法人出資金、商工会議所出資金

付録

負債	長期借入金	借入金のなかで、決算日の翌日から1年以内に返済しないもの
	買掛金	仕入代金をすぐに払わずに、ツケで買ったときに使う
	事業主借	資金不足などで、個人事業主が一時的に借り入れたときに使う
	仮受金	出所がはっきりしない収入を一時的に整理するときに使う
	預り金	給料から天引きした源泉徴収分など、会社が預かっているお金 [例] 預り保証金、住民税控除、源泉税控除
	賞与引当金	従業員に支給する賞与に備えるために準備しておくお金
	割引手形	受取手形を決済日前に換金する場合に使う [例] 受取手形割引
純資産	資本金	株主など出資者から出資を受けたお金
	資本準備金	出資を受けた金額のうち、資本金に組み入れなかったもの [例] 株式払込剰余金
	利益準備金	会社法によって強制される法定準備金
	別途積立金	会社で任意に積み立てられたもので、基本目的をもたない任意積立金
収益	売上	商品や製品、サービスなど営業活動によって得た収益
	受取利息	受け取った利子を扱う科目 [例] 預貯金、国債、貸付金などの利子
	受取配当金	株式の配当金として受け取ったお金を計上するときに使う
	固定資産売却益	固定資産を売却したときに得る差益 [例] 土地、建物、ゴルフクラブ会員権
	受取家賃	受け取った建物の賃貸料
	受取地代	土地の賃貸料金
	貸倒引当金戻入	貸倒引当金を計上する際、前期の設定額から減らしたとき使う

費用	給料	従業員に支給する報酬 [例] 給与、現物給与、各種手当
	役員報酬	役員に対して、一定の基準によって支給される報酬 [例] 監査役報酬、取締役報酬
	福利厚生費	従業員の健康、衛生、冠婚葬祭、慰安などに関して発生した費用 [例] 慰安旅行費、健康診断費、慶弔見舞金
	地代家賃	土地、建物などの不動産賃貸料 [例] 事務所家賃、借地料、社宅家賃、倉庫家賃
	保険料	営業をするうえで、損害を与える事故に備えるための保険の支払 [例] 火災保険料、交通傷害保険料
	修繕費	機械などの有形固定資産を管理・維持するための費用 [例] OA器機保守料、車検料、定期点検料
	会議費	業務に関連した会議やミーティングの費用 [例] コーヒー代、弁当代、会場使用料
	新聞図書費	新聞、雑誌、書籍などの代金
	広告宣伝費	一般の消費者への宣伝を目的とした支出 [例] カタログ制作費、求人広告費
	荷造運賃	商品、製品の出荷・発送の際にかかる運送費、梱包費用 [例] 粘着テープ代、小包料、輸送費

●簿記に役立つ「電卓術」

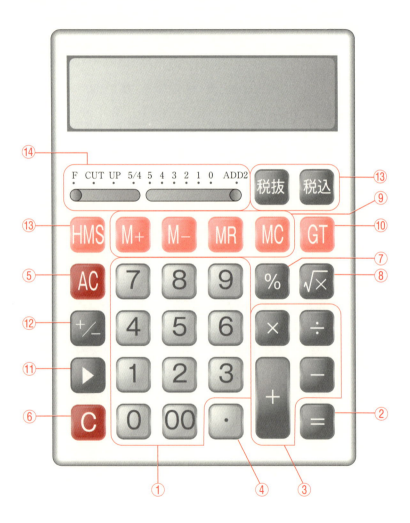

簿記・経理における電卓の重要性

これから簿記の検定に挑戦する人、新しく経理部門に配属された人に必要なことは何でしょうか？

本書では簿記の基礎を学びました。これから行わなくてはならないことは実務を意識したトレーニングの繰り返し。そのなかで、確実に身につけておきたいのは「電卓術」です。

誰でも電卓を使って足し算、引き算、掛け算、割り算といった四則算はできるでしょう。でも、メモリーキーやグランドトータルキーを使ったことのある人、使いこなせている人は意外に少ないのです。

「電卓術」は、簿記検定を受験する人、会計士や税理士をめざしている人にとっては、必須かつ絶対有利になる技術ですので、しっかり学んでおきましょう。

電卓の基本操作

まずは基本操作を確認しましょう。特殊なキーも含めたすべての基本操作を知っておく必要があります。

①数字キー　0～9

0～9までの数値を入力するキーです。全部で10個あることからテンキーとも呼ばれています。中心の5キーはタッチタイピング用に突起があるものもあります。

②イコールキー　=

計算の答えを出すキーです。

イコールを使って答えを確定していかないと計算が違ってくることがありますので、1つの計算が終わったら必ず＝イコー

ルキーを押すようにしましょう。

③計算命令キー ＋ － × ÷

＋加算、－減算、×乗算、÷除算の四則算をするためのキーです。

④小数点キー ・

小数点をつけるためのキーです。

⑤オールクリアキー AC

これまでの計算をすべてて消去（クリア）できるキーです。

・ACキー……表示窓内の情報は消えますが、メモリー内の情報は消えません。
・Cキー……最後に入力した情報のみ消去されます。

電卓の機種によっては以下のようになります。

・CAキー……メモリーも含め、すべての情報を消去します。
・Cキー……表示窓内の情報は消えますが、メモリー内の情報は消えません。
・CEキー……最後に入力した情報のみ消去されます。

⑥クリアキー C

最後に入力した数値を消去するキーです。このキーを使えば、入力ミスをしたときも、また一から打ち直しをしなくてもすみます。

⑦パーセントキー ％

百分率計算、パーセンテージが入った計算をするときに利用するキーです。四則算キー入力後、最後にこのキーを押せば割合の計算結果が出てきます。

⑧ルートキー √x

ルート（平方根）を計算できます。計算の最後に押します。

⑨メモリーキー　M+ M- MR MC

　このキーを押すと表示窓枠内に「M」と表示され、1つの計算結果が電卓内のメモリーに記憶されるので、メモをとらずに作業が進められます。簿記では必ず必要になる機能なので、確実にマスターしましょう。

・M+……メモリープラス

　直前に入力した数値を電卓のメモリーに加算できます。

・M−……メモリーマイナス

　直前に入力した数値（結果）を電卓のメモリーから減算できます。

・MR（RM）……メモリーリコール

　記憶されたメモリー計算の結果を呼び出すことができます。

・MC（CM）……メモリークリア

　記憶されているメモリーを消去できます。

⑩グランドトータルキー　GT

　イコールを押して出てきた答えを自動的に合計してくれる機能で、それまでの総計を出すことができます。

⑪桁下げキー（シフトキー）　▶

　パソコンの「Back Space」と同じ機能をもっており、これを使うことで、キーを押すごとに1桁ずつ消去できます。

⑫サインチェンジキー　+/−

　プラス（＋）とマイナス（−）を切り替えるときに使います。

⑬その他便利なキー

　以下の機能は少し特殊なため、すべての電卓についているものではありません。簿記・経理をする人には便利な機能といえます。

・**税抜キー・税込キー** 税抜 税込

　消費税の計算がワンタッチで計算できる機能です。入力した数字に設定された税率が計算されます。

・**時間計算キー（HMSキー）** HMS

　これは時給計算など、時間を計算するときに大変便利です。「5時間33分14秒」の場合、5 HMS 33 HMS 14 HMS →5－33"14 というように表示されます（分や秒が必要ないときは、5 HMS HMS と入力すると、5時間をあらわせます）。

⑭ラウンドセレクターキー　F CUT UP 5/4

　小数点が出てきたときに、処理の仕方を選択するものです。

・**F**……表示できる可能な桁数まで表示します。
・**CUT**……設定した桁で切り捨てられます。
・**UP**……設定した桁で切り上げられます。
・**5/4**……設定した桁で四捨五入されます。

小数点セレクター　5 4 3 2 1 0 ADD2

　小数点をどの桁でラウンドセクターが機能するかを設定するものです。0～5まではその桁で切り捨てや四捨五入が行われます。注意が必要なのは、ADD2です。これはアドモードといって、小数点キーを押さなくても、つねに2桁の小数点までを表示します。

電卓を素早く打つための4つのポイント！

　言うまでもなく、電卓を速く正確に打つことができれば、簿記の作業も速やかに進めることができます。

　そのために、必要なことは以下の4点です。

1 電卓の知識を身につける
2 必要な機能のついた電卓を選ぶ
3 ブラインドタッチをマスターする
4 特殊キーを使いこなす

1の電卓の知識については述べましたので、2～4を説明しましょう。

必要な機能のついた電卓を選ぶ

家電店にはさまざまな電卓が並んでいるので、どの電卓を買えばいいか悩むかもしれませんが、簿記を学んでいくうえでは必要最低限の機能さえあれば、どのメーカーのものでも大丈夫です。その際に必要な機能とは次の3つです。

・12桁の表示窓
・ブラインドタッチ用の5キーの突起がある
・メモリー計算ができる

これらがあれば、簿記のための必要最低限の機能がついているといえるでしょう。sin、cos、tanのキーがある電卓もありますが、簿記ではまったく必要ありません。

ブラインドタッチをマスターする

電卓を素早く打つために必ずマスターしたいのがブラインドタッチです。基本的には慣れの問題ですが、マスターするためのポイントがあります。次の3点です。

・中心の5キーからスタートし、必ず同じ指で打つようにする
・数字は見た瞬間に把握できるようにする
・キーを見ないで打つことを意識する

キーを見ないようにし、どの指でどのキーを押すかをイメージしながら訓練していきましょう。

特殊キーを使いこなす

　先ほど電卓の基本操作として紹介した特殊なキーは、簿記をするうえでの大きな武器です。メモリーキーやグランドトータルキーなどのメモリー機能は、メモを取る手間を省くことができますし、ミスも減らすことに役立ちます。

　また、税抜・税込キーや時間計算キーなどを使いこなせるようになれば、複雑な計算の必要すらなくなります。

　電卓でできることは電卓にまかせるのが、簿記のスピードアップにつながるのです。

　最近では「キーロールオーバーキー」という機能をもつ電卓も登場しています。キーロールオーバーキーは、まだ指がキーから完全に離れていない状態から次のキーを打ち始めることができる機能です。簿記検定などでスピードが要求されるときや、頭の中で考えるスピードと電卓を入力するスピードが違う人にはとても有効なものです。

　このように電卓の使い方を知り、電卓に慣れることは、簿記上達の秘訣の1つなのです。

索引

あ
預り金 102
受取手形 64
受取利息 90
売上 88
売上原価 144
売上帳 130
売上値引 88
売掛金 62
営業報告書 51

か
買掛金 72
家計簿 20
貸倒引当金 148
貸倒引当金繰入 148
貸倒引当金の設定 142
株主資本等変動計算書 28
株主配当 51
借入金 76
仮受金 78
為替差益 96
勘定科目 177
期首純資産 48
期末純資産 48
キャッシュ・フロー計算書 28
給料 102
銀行 26
繰越試算表 166
繰越商品 68
経理 32
決算書 26, 28, 34, 36, 172
決算整理 34, 136, 142
決算整理一覧表（棚卸表） 34, 138, 150
減価償却費 112, 142
現金 58
現金主義 108
現金出納帳 128
合計残高試算表 140
合計試算表 140
こづかい帳 20
固定資産売却益 94
固定資産売却損 94

さ
財産法 48
最低資本金 50
財務諸表 26
雑収入 98
残高試算表 140
残高試算表欄 154
仕入 100
仕入高 100
資産 36, 38
資産グループ 40
資本の部 7
試算表 34, 136, 140

支払利息　76, 90
資本金　84
資本準備金　84
収益　36
収益と費用の整理　142
収益のグループ　45
出資　26
主要簿　120
純資産　36, 38
純資産のグループ　42
商品勘定　144
商品勘定の整理　142
商品券　80
仕訳　34, 56
仕訳帳　34, 120, 124
新会社法　7, 50
水道光熱費　110
精算表　34, 138, 152
整理記入欄　156
整理後残高試算表, 166
総勘定元帳　34, 120, 126
損益計算書　28, 36, 44, 170
損益計算書欄　158
損益法　48

た

貸借対照表　28, 36, 38, 166, 168
貸借対照表欄　160
他店商品券　82

棚卸表　150
短期借入金　76
単式簿記　20
地代家賃　104
長期借入金　76
通勤手当　104
通信費　108
定額法　114
定率法　114
電卓　180
天引き　102
伝票　34
当座預金　60

な

二面的　22

は

売買目的の有価証券評価益（損）の計上　142
発生主義　108
引出金　86
費用　36
費用のグループ　46
複式簿記　20
負債　36, 38
負債のグループ　41
普通預金　60
簿記　18, 34

補助記入帳　122
補助簿　120
補助元帳　122

ま

前受家賃　146
前払家賃　146
未収金　70
未収家賃　146
未払金　74
未払家賃　146
元入金　86

や

役員報酬　106
有価証券　66
有価証券売却益　92
有価証券売却損　92
有限会社制度　50
融資　26
預金　60

ら

利益　44, 48
利益処分・損失処理案　51
旅費交通費　104

プロフィール

椿 勲（つばき いさお）

1972年中央大学商学部卒業。1974年監査法人サンワ事務所（現・有限責任監査法人トーマツ）に入所。コンサルティング業務も監査もできる部門を目標としたトータルサービス部の立ち上げ時の中心的メンバーの一人として、のちに有限責任監査法人トーマツとなってトータルサービス1部（TS1）を会計士100人体制に成長させた。

1982年より3年間カナダに赴任。1993年監査法人トーマツ代表社員就任。1997年同監査法人退職後、椿勲公認会計士事務所開設。

著書は、共著で『これだけは知っておきたい「ビジネス数字」の常識』（フォレスト出版）、『店頭登録ハンドブック』（中央経済社）がある。

これだけは知っておきたい「簿記」の基本と常識

2016年8月31日　初版発行

著　者　椿　勲
発行者　太田　宏
発行所　フォレスト出版株式会社
　　　　〒162-0824　東京都新宿区揚場町2-18　白宝ビル5F
　　　　電話　03-5229-5750（営業）
　　　　　　　03-5229-5757（編集）
　　　　URL　http://www.forestpub.co.jp

印刷・製本　萩原印刷株式会社

©Isao Tsubaki 2016
ISBN978-4-89451-725-7　Printed in Japan
乱丁・落丁本はお取り替えいたします。

大好評! 会社の数字の基本が学べる「これだけは知っておきたい」シリーズ

これだけは知っておきたい
「ビジネス数字」の常識

椿勲公認会計士事務所　　定価：本体1200円＋税

もう面接＆会議で恥をかかない！ この一冊でコスト・会計・マーケティングの常識が身につく。

978-4-89451-145-3

これだけは知っておきたい
「会計」の基本と常識

公認会計士　乾隆一　　定価：本体1300円＋税

社会人として最低限知っておきたい「会社のしくみ」がわかる。

978-4-89451-285-6

これだけは知っておきたい
「決算書」の基本とルール

公認会計士・税理士
村形聡　　　　　　　　定価：本体1300円＋税

この厳しい時代、決算書が読めないと生き残れない！

978-4-89451-517-8

大好評！ 会社の数字の基本が学べる「これだけは知っておきたい」シリーズ

978-4-89451-706-6

これだけは知っておきたい
「税金」のしくみとルール
改訂新版3版

公認会計士　梅田泰宏　　定価：本体1300円＋税

複雑な税金が、これ一冊でわかる！平成28年度税制改正、完全対応！

978-4-89451-554-3

これだけは知っておきたい
「会社の経理」の基本と常識

公認会計士　久保豊子　　定価：本体1300円＋税

経理は会社の情報センターだ！　経理実務の基本の基本から会計のしくみまで詳説！

978-4-89451-670-0

これだけは知っておきたい
「資金繰り」の基本と常識

資金繰りコンサルタント
小堺桂悦郎　　　　　定価：本体1400円＋税

中小企業経営者・個人事業主・起業家のための日本一「資金繰り」がわかる本。